APPROCHES
DU
« ROMAN DE LA ROSE »

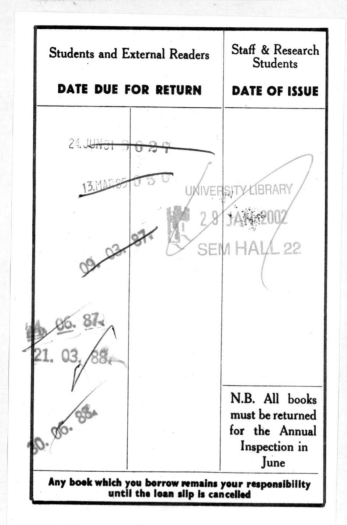

JEAN BATANY

Chargé d'enseignement à l'Université de Tours

APPROCHES
DU
« ROMAN DE LA ROSE »

Ensemble de l'œuvre et vers 8 227 à 12 456

BORDAS

Paris - Bruxelles - Montréal

DU MÊME AUTEUR :
Chez le même éditeur

FRANÇAIS MEDIEVAL, textes choisis, commentaires
linguistiques, commentaires littéraires, chronologie phonétique.

© 1973 Bordas Paris
n° 155 73 03 12   Printed in France
ISBN 2-04-007785-5

AVERTISSEMENT

*Ce fascicule n'est pas du tout une étude d'ensemble sur le **Roman de la Rose**. Il s'agit d'une série d'approches, qui peuvent se lire séparément, et qui voudraient aider ceux qui abordent brusquement (pour leur culture personnelle ou sous la contrainte d'un programme) la lecture de tout ou partie d'une œuvre un peu difficile, mais dont l'influence (parfois secrète) a été énorme jusqu'au XVIIIᵉ siècle. En effet, malgré le mépris et le dégoût que de médiocres manuels d'histoire littéraire nous ont inspirés vis-à-vis du **Roman de la Rose**, c'est une des œuvres capitales de la culture française.*

Cette incompréhension conventionnelle, nous la devons au Romantisme, qui n'a su faire renaître le goût pour le Moyen Age qu'au prix de quelques contre-sens fondamentaux. Les médiévistes savent aujourd'hui qu'on ne peut aborder fructueusement leur domaine par la voie d'une vague sympathie émotive, comme on le faisait vers 1820, mais seulement par un dépaysement intellectuel analogue à celui qui est nécessaire aux ethnographes : donc, en somme, par un effort d'ascèse, une ascèse qui est d'abord philologique, un système de langage qui n'est plus le nôtre devant être abordé à la lumière de la grammaire historique.

*Lire le **Roman de la Rose**, le lire "dans le texte", c'est devenu possible et commode avec l'édition de M. Félix Lecoy, mais il faut encore être guidé. J'ai tenté d'amorcer ce guidage, d'abord en définissant l'esprit général du Roman tel qu'il avait été conçu par Guillaume de Lorris (chapitres 1 à 3), et ensuite en précisant quelques problèmes posés par la partie centrale du texte, celle qui a été mise au programme des Agrégations pour 1974. Dans l'ensemble, il ne s'agit donc pas d'une recherche originale : j'ai surtout voulu épargner à l'étudiant un fastidieux travail de compilation, et lui fournir un stock d'idées générales et de documents. Cependant, quelques-uns de ces documents (la **tenso** de Guillaume de Saint-Didier pour l'ensemble de l'œuvre ; la lettre de Sénèque et le passage de Boèce pour l'origine de la royauté, etc.) avaient été trop négligés avant notre époque. En outre, le chapitre 7 s'efforce de remettre en place le personnage de Faux-Semblant dans ce tournant capital de la morale occidentale qui se situe aux XIIᵉ et XIIIᵉ siècles ; le lecteur déjà averti sur le **Roman de la Rose** et sur la littérature médiévale pourra aborder directement ce chapitre. Pour finir, un chapitre purement linguistique s'appuie sur des dépouillements du passage mis au programme des épreuves grammaticales des concours en 1974 (vers 8227 - 10.734), mais garde une certaine valeur pour l'étude de l'ancien français en général ; là encore, je me suis borné à quelques problèmes précis.*

Mis en forme un peu rapidement sous la pression d'un "programme", ce fascicule comporte sans doute des erreurs, et je serai reconnaissant aux collègues qui voudront bien me les signaler. Cependant, je leur demande de ne pas croire que je lance une "idée en l'air" chaque fois que j'émets une assertion sans citer mes exemples et mes documents. Ils comprendront que je sois resté plus près du style du "cours" que de celui de la "thèse" !

Précisons que les trois premiers chapitres ont pour base un cours professé de 1967 à 1969 au Collège Universitaire d'Orléans, c'est-à-dire au pays même des deux auteurs du **Roman de la Rose.** *Espérons que ce cadre géographique m'aura permis de mieux comprendre l'esprit de l'œuvre...*

*Ce souvenir est l'occasion pour moi de remercier deux collègues qui m'ont aidé, à cette époque, de leurs lumières et de leurs encouragements: M. René Louis, aujourd'hui professeur de littérature médiévale à l'Université Paris-X; et M*me *Annelise de Constantin-Strugger, chargée d'enseignement de philologie allemande à l'Université d'Orléans. Quant à mes maîtres de langue française, de littérature médiévale latine et française, et d'Histoire du Moyen Age, qui trouveront ici des échos de leur enseignement, je ne saurais les nommer sans être injuste ou fastidieux; ils savent que je n'oublie pas ce que je leur dois, et ils comprendront que les nécessités d'un manuel de ce genre ne me permettent pas de renvoyer sans cesse à leurs ouvrages.*

BIBLIOGRAPHIE

1. EDITIONS

● Guillaume de Lorris et Jean de Meun, *Le Roman de la Rose,* publié par Félix Lecoy, 3 vol., Paris, Champion, 1965-1970 (classiques français du Moyen Age, n° 92, 95 et 98).

Edition officiellement au programme des concours, et conforme aux principes bédiéristes, c'est-à-dire reproduisant le meilleur manuscrit aussi fidèlement que possible. Apparat critique très réduit ; notes sommaires, orientées surtout vers les "sources". Glossaire excellent et précis au tome III. Au début de chaque volume, précieux résumé détaillé du texte (indispensable à lire si par malheur on n'a pas pu lire le texte complet, qu'on est censé avoir lu pour l'Agrégation). Je supposerai connue l'introduction donnée au tome I.

● Guillaume de Lorris et Jean de Meung, *Le Roman de la Rose,* publié par Ernest Langlois, 5 vol., Paris, Société des Anciens Textes Français, 1914-1924.

Edition classique, cherchant à reconstituer le texte primitif, en s'appuyant sur le même manuscrit de base que l'éd. Lecoy, mais en "normalisant" les graphies et en corrigeant plus souvent. Apparat critique détaillé (mais incomplet pour les faits où Langlois voyait de "simples variantes graphiques"). Notes plus abondantes que dans l'éd. Lecoy, mais de même orientation. Glossaire très détaillé. Le premier volume est une introduction philologique (cf. ci-après, début du chap. 8). Le texte au programme d'agrégation est au tome III.

2. TRADUCTIONS

● André Mary, *Le Roman de la Rose mis en français moderne,* Paris, NRF, 1928 ; 2ᵉ éd. revue, 1949.

Adaptation approximative à l'usage du grand public. Nombreux passages sautés ou résumés.

● *The Romance of the Rose,* trad. anglaise de W. Robbins, avec une introduction de Charles W. Dunn, New York, Dutton, 1962.

Traduction plus précise (quelques erreurs) en *heroic blank verse.* Introduction utile.

● Aux éd. Champion est déjà parue une très bonne traduction de Guillaume de Lorris par A. Lanly (1971). La traduction de Jean de Meun est sous presse.

3. CADRE HISTORIQUE ET LITTERAIRE

Il suffit de renvoyer à deux excellents manuels, dont la lecture est indispensable pour étudier n'importe quelle œuvre du Moyen Age, et qui donnent de précieuses bibliographies bien choisies :

● P.-Y. Badel, *Introduction à la vie littéraire au Moyen Age,* Paris, Bordas, 1969.

● *Histoire Universelle Bordas, XI :* Jacques Le Goff, *Le Moyen Age, II,* 1060-1330, Paris, Bordas, 1972.

Ajoutons cependant trois ouvrages récents :

● *Littérature française : Le Moyen Age, I,* des origines à 1300, par Jean-Charles Payen, Paris, Arthaud, 1969.

● Jacques Paul : *Histoire Intellectuelle de l'Occident Médiéval,* Paris, A. Colin, 1973 (situe bien le *Roman de la Rose* dans l'histoire des idées).

● Paul Zumthor, *Essai de poétique médiévale,* Paris, Seuil, 1972.

4. OUVRAGES GENERAUX SUR LE "ROMAN DE LA ROSE"

● Ernest Langlois, *Origines et sources du Roman de la Rose,* Paris, 1890.

Petit ouvrage déjà dépassé dans l'édition donnée 25 ans plus tard par le même auteur.

● L. Thuasne, *Le Roman de la Rose,* Paris, Malfère, 1929 (Les grands événements littéraires).

L'œuvre résumée et sommairement replacée dans une tradition, avec insistance sur la "querelle" postérieure. Peu utile.

● S. Clive Lewis. *The allegory of love, a study in medieval tradition,* Oxford, 1936, 2ᵉ éd. 1958.

Ouvrage classique replaçant l'œuvre dans l'allégorie courtoise et opposant fortement Jean de Meun à Guillaume de Lorris.

● G. Paré. *Le Roman de la Rose et la scolastique courtoise,* Paris, 1941 (Publications de l'Institut d'Etudes Médiévales d'Ottawa, X), 2ᵉéd. sous le titre : *Les idées et les lettres au XIIIᵉ siècle : le Roman de la Rose,* Montréal, 1947 (Université de Montréal, Bibliothèque de Philosophie, I).

Situe bien Jean de Meun dans la vie intellectuelle de son époque. Peu d'étude proprement littéraire.

● Alan F. Gunn. *The Mirror of Love, a reinterpretation of the Romance of the Rose,* Lubbock, Texas Tech Press, 1952.

Ouvrage essentiel, brillant et parfois discutable. Démontre judicieusement, contre Lewis, l'unité de l'œuvre, Jean de Meun n'ayant fait qu'élargir le sujet posé par Guillaume de Lorris, en passant d'une conception étroite de la *quête* amoureuse à un *débat théorique,* et d'une conception étroite de l'amour *courtois* à *l'ensemble* des *formes* et des *problèmes* de l'amour. Rattache de façon très systématique et un peu artificielle l'œuvre de Jean de Meun à la philosophie et surtout aux *figures de rhétorique* définies au XIIᵉ siècle. Interprétation insoutenable de Faux-Semblant.

● John W. Fleming. *The "Roman de la Rose", a study in allegory and iconography,* Princeton University Press, 1969.

Interprétations fondées sur des illustrations de manuscrits souvent très postérieurs à Jean de Meun. A utiliser avec prudence.

5. SUR LA LITTERATURE EROTIQUE

La bibliographie de "l'amour courtois" est immense. On retiendra plus particulièrement pour l'étude du *Roman de la Rose* :

● E.K. Rand. *Ovid and his influence,* Boston, 1925.

● Charles Muscatine. "The emergence of psychological allegory in old French romance", dans *Publications of the Modern language association,* 68, 1953, p. 1160-1182.

● Alexander J. Denomy. *The heresy of the courtly love,* New York, 1947.

● Histoire mondiale de la Femme, sous la direction de Pierre Grimal, tome II : *L'occident des Celtes à la Renaissance,* Paris, Nouvelle librairie de France, 1966 (en particulier l'étude d'**Y.** Lefèvre : " La femme au Moyen Age dans la vie littéraire et spirituelle", p. 79-134).

● Jean-Charles Payen, *Les origines de la courtoisie dans la littérature française médiévale,* Paris, CDU, 2 fascicules ronéotypés, 1966.

● Jean Frappier, *Chrétien de Troyes,* nouvelle éd. revue, Paris, Hatier, 1957.
Ouvrage classique sur la littérature courtoise. Il y a d'énormes différences entre Chrétien et Jean de Meun, mais justement il faut savoir les mesurer.

● Sur André le Chapelain, on consultera l'édition de Trojel (Hanovre, 1892, et réimpressions), la traduction anglaise avec introduction développée de J.J. Parry (*The art of courtly love by Andreas Capellanus,* Columbia University Press, 1941), l'étude du Père F. Schlösser (*Andreas Capellanus, seine Minnelehre und das Christlische Weltbild um 1200,* Bonn, Bouvier, 1960) et l'article de P. Zumthor ("Notes en marge du traité de l'amour d'André le Chapelain", dans *Zeitschrift für romanische Philologie,* 63, 1943, p. 179-191).

6. SUR L'HISTOIRE DE L'ALLEGORIE

● Prudence, *Psychomachie,* éd. Lavarenne, Paris, Les Belles-Lettres, 2e tirage, 1963.
L'introduction (p. 1-82) donne une étude détaillée de l'histoire de l'allégorie dans l'antiquité gréco-latine.

● H.R. Jauss. "La transformation de la forme allégorique entre 1180 et 1240 : d'Alain de Lille à Guillaume de Lorris", dans le recueil *L'Humanisme médiéval dans les littératures romanes du XIe au XIVe siècle,* Paris, Klincksieck, 1964, p. 107-145.
Remarques de fond très intéressantes sur l'évolution du genre.

● H.R. Jauss. *La littérature didactique, allégorique et satirique, 1 : partie historique,* Heidelberg, Winter, 1968 (*Grundriss der romanischen Literatur des Mittelalters,* tome VI).

● Marc-René Jung. *Etudes sur le poème allégorique en France au Moyen Age,* Berne, Francke, 1971 (Romanica Helvetica, 82).
Répertoire très utile offrant de nombreux documents (textes et résumés d'œuvres) sur la littérature des XIIe et XIIIe siècles, en latin, en langue d'oc et en langue d'oïl. Commentaires souvent intéressants, parfois discutables. S'arrête avant Jean de Meun.

● Jean Batany, "Paradigmes lexicaux et structures littéraires au Moyen Age", dans la *Revue d'Histoire littéraire de la France,* 70e année, n°5-6, septembre-décembre 1970, p. 819-835.

Vues rapides sur l'aspect lexicologique de l'allégorie, de Prudence à Guillaume de Lorris, avec insistance sur celui-ci.

7. SUR L'INTERPRETATION COMME ALLEGORIE CHRETIENNE.

Le *Roman de la Rose* et beaucoup d'autres œuvres médiévales d'apparence profane seraient des allégories de la chute et de la rédemption chrétiennes d'après certains critiques modernes (par ex. Jacques Ribard pour Chrétien de Troyes). Pour la *Rose,* on trouvera cette interprétation chez D.W. Robertson jr. ("The doctrine of charity in medieval literary gardens", dans *Speculum,* 26, 1951, p. 24-49 ; *A preface to Chaucer,* Princeton, 1962) et chez Charles Dahlberg ("Macrobius and the unity of the *Roman de la Rose*", dans *Studies in Phililogy,* 58, 1961, p. 573-582 ; "Love and the *Roman de la Rose*", dans *Speculum,* 44, 1969, p. 568-584).

● Le principe général de ce type d'interprétation est discuté dans deux articles de Theodore Silverstein et de Paul-E. Beichner, dans *Publications of the Modern Language Association,* vol. 82, mars 1967, p. 28 à 38. Pour le *Roman de la Rose,* presque tous les commentateurs rejettent cette explication paradoxale.

8. ARTICLES LIMITES SUR JEAN DE MEUN.

● Helmut Hatzfeld. "La mystique naturiste de Jean de Meun", dans *Wissenschaftliche Zeitschrift der Universität Iena,* 5, 1955-1956, p. 259-269, et en italien dans *Delta,* 1962, p. 25-52.

La mystique de Jean de Meun serait anti-rationaliste et se présenterait comme une parodie de celle de Saint Bonaventure et des Victorins. Nombreux rapprochements intéressants avec ces auteurs.

● Alan M.F. Gunn. "Teacher and Student in the *Roman de la Rose",* dans *l'Esprit Créateur,* vol. II, n° 3, 1962, p. 126-134.

Remarques intéressantes sur le rôle didactique des allégories, inspiré des principes critiques de Northrop Frye.

● S.G. Nichols jr. "The rhetoric of sincerity in the *Roman de la Rose",* dans les *Romance Studies in memory of Edward Billings Ham,* California State College Publications, 1967, p. 115-129.

● Pierre Badel. "Raison, «fille de Dieu», et le rationalisme de Jean de Meun", dans *Mélanges offerts à Jean Frappier,* Genève 1970, tome I, p. 40-52.

Ces deux articles concernent surtout le discours de Raison (vers 4191-7200), mais ils sont à retenir pour toute étude de Jean de Meun en raison de leurs excellentes vues nuancées sur la façon d'aborder cet auteur.

9. SUR L'ANTIFEMINISME

● August Wulff. *Die frauenfeindlichen Dichtungen in der romanischen Literaturen des Mittelalters bis zum Ende des XIII. Jahrhunderts,* Halle, 1914.

● Ph. Delhaye. "Le dossier antimatrimonial de l'*Adversus Jovinianum* et son influence sur quelques écrits latins du XIIe siècle", dans *Medieval studies,* 13, 1951, p. 65-86.

● Adam de la Halle, *Jeu de la Feuillée,* éd. et trad. par Jean Rony (classiques Bordas, 1969).

10. SUR LES ORIGINES DE LA SOCIETE ET DU POUVOIR

Les nombreuses études sur les théories politiques du Moyen Age (celles de W. Ullmann en particulier) ont peu de rapport avec le texte de Jean de Meun. On pourra consulter cependant :
● Otto von Gierke, *Les théories politiques du Moyen Age,* trad. française, Paris, 1914.
● R.W. et A.J. Carlyle. *A history of medieval political theory in the West,* Londres, 1927-1928, tomes 2, 3 et 5.
● E. Lewis, *Medieval political ideas,* Londres, Routledge, 1954, 2 vol. (surtout tome I, p. 88-192).
● L'originalité de la pensée de Jean de Meun a été contestée par P.B. Milan : "The golden age and the political theory of Jean de Meun : a myth in *Rose* scholarship", dans *Symposium,* 23, 1969, p. 137-149. Cet article est très superficiel et accumule les rapprochements sans aucun sens des *nuances* par lesquelles un prétendu "lieu commun" a pu évoluer de façon capitale depuis Lucrèce jusqu'à Jean-Jacques Rousseau.

11. RICHESSE ET PAUVRETE

● *Les pauvres dans la société médiévale,* recueil publié sous la direction de Michel Mollat, sous presse (publications de la Sorbonne).
Conclusions et principales communications de six années de séminaire sur le sujet.
● R. Fossier, *Histoire sociale de l'Occident Médiéval,* Paris, A. Colin.

12. FAUX-SEMBLANT

● Sister F. Mc Kean. "The role of Faux-Semblant and Astenance Contrainte in the *Roman de la Rose",* dans les *Romance studies in memory of E. Billings Ham,* 1967, p. 103-107.
Article bizarre et très confus, peu utile.
● William W. Ryding. "Faux-Semblant : hero or hypocrite ? "dans *Romanic Review,* 60, 1969, p. 163-167.
Critique d'abord très judicieusement l'interprétation de Gunn, mais s'égare ensuite dans une théorie peu défendable. Cf. ci-dessous, chap. 7.
● Rutebeuf, *Œuvres complètes,* éd. par E. Faral et J. Bastin, Paris, Picard, 1959- 1960, 2 vol.
Très bonne édition donnant un excellent commentaire sur les pièces de Rutebeuf imitées par Jean de Meun. A défaut, on trouvera ces pièces, avec un commentaire moins riche, dans la petite édition plus maniable de H.H. Lucas (Rutebeuf, *Poèmes concernant l'Université de Paris,* Paris, Nizet, 1952).
● Articles "Hypocrisie" du *Dictionnaire de Théologie Catholique* (tome VII, fasc. 1, 1930, col. 365-369) et du *Dictionnaire de Spiritualité* (tome VII, 1969, col. 1212-1216).
● M. D. Chenu, O.P. *L'éveil de la conscience dans la civilisation médiévale,* Montréal et Paris, Vrin, 1969.
A rapprocher du chapitre 7 ci-dessous.
● Y. M. J. Congar, O.P. "Aspects ecclésiologiques de la querelle entre mendiants et séculiers dans la seconde moitié du XIIIe siècle et le début du XIVe ", dans *Archives d'Histoire Doctrinale et Littéraire du Moyen*

Age, 28, 1961, p. 35-151.

Etudie la "querelle" sous son jour le plus intéressant (théories générales des structures et des fonctions sociales), avec d'abondantes références bibliographiques.

● Michel-Marie Dufeil. *Guillaume de Saint-Amour et la polémique Universitaire parisienne,* 1250-1259, Paris, Picard, 1972.

Ouvrage capital sur les événements auxquels se réfère le discours de
Faux-Semblant. Situe la rédaction du texte de Jean de Meun entre 1264
et 1269 (p. 324).

13. LA LANGUE DE JEAN DE MEUN

● Pour tout ce qui concerne l'ancien français en général, on se référera
à la bibliographie donnée dans mon manuel *Français médiéval* (Bordas,
collection *Etudes,* n°66) et, au besoin, aux bibliographies plus détaillées
que j'ai données dans l'*Histoire de la langue française* de F. Brunot,
tome I (appendice à l'édition de 1966) et dans mon article "Ancien français, méthodes nouvelles" *(Langue française,* n°10, mai 1971, p. 31-56).

● Edward B. Ham. "Régionalismes dans le *Roman de la Rose",* dans
les *Mélanges offerts à Charles Bruneau,* 1954, p. 235-239.

Critique judicieuse de l'édition Langlois à propos de certaines formes.

● Mary C. Garvey. *The syntax of the declinable words in the "Roman
de la Rose",* Washington, Catholic University, 1936.

Nous apprenons en dernière minute la sortie, aux éditions Klincksieck,
du livre de Gérard MOIGNET, *Grammaire de l'Ancien Français* (Morpholo-
gie-Syntaxe), qui constituera désormais le manuel de base pour l'étude
des textes français des XIIe et XIIIe siècles.

CHAPITRE 1

LE «ROMAN DE LA ROSE» DANS LA LITTERATURE EROTIQUE

A. LA TRADITION OVIDIENNE.

Le succès du *Roman de la Rose,* commencé vers 1220 par Guillaume de Lorris et achevé vers 1265 par Jean Chopinel de Meun-sur-Loire, n'aurait évidemment pas été possible sans l'intérêt passionné que le public littéraire des XIIᵉ et XIIIᵉ siècles portait aux problèmes de l'amour, auxquels il est consacré. Mais nous risquerions un grave contresens en restreignant cet intérêt à la "courtoisie" et à la "fine amour" représentées par les œuvres des grands troubadours, par les poèmes de "Tristan", et par les romans de Chrétien de Troyes, ouvrages où se manifeste une conception idéalisée de l'amour où l'on a pu voir assez justement une "invention du XIIᵉ siècle". Le goût des écrivains et du public du Moyen Age pour l'érotisme n'est pas quelque chose de radicalement nouveau ni de purement spirituel ; il se rattache aussi à une tradition antique dans laquelle l'amour se situe, comme le vin, au niveau des plaisirs physiques simples et francs, ou à celui des maladies mentales irréductibles. L'auteur par l'intermédiaire duquel le Moyen Age a eu le plus largement accès à cette tradition est Ovide. C'est du reste, de loin, l'écrivain de l'Antiquité qui a été le plus lu aux XIIᵉ et XIIIᵉ siècles.

En effet, c'est un auteur assez facile, limpide, spirituel, et qui ne prend pas trop au sérieux les thèmes profonds de la culture antique, devenus incompréhensibles au Moyen Age. De plus, ses poèmes étaient utilisables dans l'enseignement. Les *Métamorphoses* fournissaient un stock énorme d'histoires merveilleuses qui intéressaient comme des contes, et des excursus géographiques et historiques servant de manuels élémentaires ; le début de l'ouvrage pouvait même être interprété comme une cosmogonie platonicienne conciliable avec la *Genèse.* Les *Tristes* et les *Pontiques* offraient des modèles de lettres de sollicitation ; les *Héroïdes* servaient aux exercices de rhétorique. Mais le Moyen Age a eu surtout une prédilection pour les trois œuvres d'Ovide consacrées à l'amour : les *Amores,* petits poèmes évoquant avec passion et crudité les épisodes d'une liaison ; l'*Art d'Aimer,* théorie des techniques de la séduction ; les *Remèdes d'Amour,* adressés aux hommes qui souffrent de leur passion, pour leur conseiller une méthode de guérison morale... et même physique (conseil d'avoir deux maîtresses pour que l'une fasse tort à l'autre). Tout cela n'est pas très sérieux. L'a-t-on pris au sérieux très généralement au Moyen Age ? certainement pas toujours, puisque les *Remedia Amoris* figuraient assez souvent dans le "Liber Catonianus" qui

servait dans les écoles à apprendre le latin ! Cependant, on reconnais-
sait parfois le danger de ces ouvrages. Pour Guillaume de Lorris et Jean
de Meun, le problème se pose : ont-ils pris Ovide au sérieux ?

Pour toute une tradition de la littérature latine du Moyen Age, antérieure au *Roman de la Rose,* il n'y a pourtant guère de doute. Les évêques
carolingiens qui adressaient des vers érotiques à des abbesses ne le
faisaient évidemment que par jeu littéraire (sinon, leurs épigrammes ne
nous seraient pas parvenues...). Et lorsq on voit, au XIIe siècle, des
ouvrages présenter l'amour comme un thème de discussion, à la manière
des thèmes de discussion philosophique, c'est encore, au début, à titre
de jeu ; il faudra que les œuvres en langue vulgaire, poésie lyrique et
roman, habituent le public à prendre au sérieux l'amour, avant que des
œuvres théoriques puissent l'envisager comme un problème.

Ainsi, vers 1150, une œuvre latine discute "savamment" sur un problème qui va être très rebattu ensuite : une femme doit-elle accorder son
amour de préférence à un clerc ou à un chevalier ? mais ce premier texte
sur ce thème n'est apparemment qu'une parodie satirique de débats plus
sérieux. C'est le *Concile de Remiremont,* qui imite la forme des actes
conciliaires, suivant le goût du Moyen Age pour les parodies de textes
liturgiques ou canoniques. On y voit donc les religieuses de l'abbaye de
Remiremont se réunir en concile (sans les plus vieilles, incompétentes
sur la question) pour débattre d'un grave problème théologique : doivent-
elles accorder leur amour à des chevaliers ou à des clercs ? Les principales interventions font apparaître que les chevaliers sont des personnages grossiers, et que seuls les clercs de Toul ont qualité pour entrer à
l'abbaye et obtenir les faveurs des religieuses ; en conclusion, l'anathè-
me est prononcé contre celles qui offrent leurs faveurs à des chevaliers.
D'après une bulle pontificale de l'époque concernant cette abbaye, on
peut penser que l'ouvrage a été inspiré par les archevêques de Trêves et
de Cologne, dépités de voir que l'abbaye cherchait à échapper à leur
juridiction en obtenant un privilège d'"exemption" qui leur permettait de
dépendre directement du Pape ; le pamphlétaire, auteur du texte, a profi-
té de bruits qui couraient sur la vie trop séculière des religieuses
(*conversatio carnalis,* dit la bulle) pour chercher à se venger d'elles. Il
est intéressant de voir ainsi, fût-ce par la voie d'une plaisanterie, la
scolastique de l'amour se rattacher à ce qui avait été le grand débat de
la société occidentale au XIe siècle, la rivalité entre le pouvoir laïc et
le pouvoir ecclésiastique. Cette rivalité, ramenée par jeu littéraire au
niveau d'une réalité amoureuse, a dû être à la source d'un thème de "débat" dont nous avons sans doute perdu la plupart des exemples les plus
anciens (1) ; mais il est évident que le sens "allégorique" du débat a
rapidement été oublié au profit de son sens érotique littéral. Cette pro-
gression de la pensée du sens symbolique au sens littéral est déconcertante pour nous, le mouvement inverse nous paraissant plus logique, mais
c'est un trait capital de l'époque qui nous intéresse, et nous le retrouverons souvent par la suite.

En effet, le "débat du clerc et du chevalier" se renouvelle, vers la fin
du XIIIe siècle, dans un autre poème latin où il n'est guère possible de

1. cf. Charles OULMONT. *Les débats du clerc et du chevalier dans la littérature poétique du Moyen Age,* Paris, 1911 (cet ouvrage donne les principaux textes). Il est curieux qu'on trouve aussi, à la source d'une autre veine littéraire du
Moyen Age français (le Roman de Renart), une œuvre sans doute inspirée par une
querelle de juridiction entre clercs et laïcs sur une abbaye, l'*Ecbasis Captivi
per tropologiam.*

chercher des arrière-pensées politiques, et qui, prenant le problème de
l'amour plus au sérieux que le *Concile de Remiremont,* a pu inspirer directement le *Roman de la Rose.* C'est l'*Altercatio Phyllidis et Florae* (2).
Phyllis aime un clerc, Flora un chevalier ; chacune défend son point de
vue ; le débat est porté devant le dieu d'Amour, dont le jardin est décrit
en termes qui annoncent la *Rose.* Le thème a été repris ensuite en français dans plusieurs versions : *Hueline et Aiglentine,* deux poèmes de
Florence et Blancheflor (dans l'un de ces poèmes, c'est le chevalier qui
l'emporte ; à l'origine, c'était toujours le clerc) ; mais il n'est pas sûr
que ces versions françaises soient antérieures à Guillaume de Lorris
L'histoire de ce thème de débat a été faite par Ch. Oulmont, mais il y a
un trait qu'il ne dégage pas : c'est que, à mesure que l'on avance, le sujet paraît de plus en plus pris au sérieux ; tout au moins, les personnages
qui en débattent ne sont plus ridicules du seul fait qu'ils débattent d'un
sujet aussi frivole, comme dans le *Concile de Remiremont.*

On y saisit ainsi de près le tournant de la pensée occidentale sur l'a-
mour. L'Antiquité ne considérait jamais celui-ci comme une passion qui
ennoblit l'âme ; elle y voyait un divertissement ou une sorte de folie.
Pour les Platoniciens, l'amour pouvait être une étape vers la contempla-
tion des idées éternelles, mais une simple étape qu'il fallait dépasser.
Au contraire, au XIIe siècle, l'Occident commence à donner à l'amour une
place éminente : il le prend au sérieux, ce qui est lié à un respect artificiel de la femme, traitée, non comme une égale de l'homme, mais comme
un être à la fois supérieur et inférieur à lui. Cette glorification de l'a-
mour à une époque de forte empreinte chrétienne est surprenante, car l'E-
glise, jusque là, avait pratiquement à peu près condamné l'amour, en plaçant la chasteté au-dessus de toute espèce de rapports sexuels, et en
considérant la passion comme une source du vice et de l'éloignement de
Dieu. Entre la tradition antique qui en fait un thème de badinage, la tradition chrétienne qui le méprise, et les diverses nuances de la "courtoisie", le problème de l'amour se trouve dans une situation ambiguë.

Rien ne montre mieux cette situation que le traité d'André le Chapelain,
De arte honeste amandi ou *de Amore,* écrit à la fin du XIIe siècle, peut-
être à la cour de Marie de Champagne ou après un long séjour à cette
cour. L'auteur, un clerc, s'adresse à un certain Gautier, qui lui a demandé de lui apprendre comment réussir à se faire aimer durablement, ou, si
l'on n'est pas aimé, comment se débarrasser de sa propre passion. L'ouvrage comprend donc trois livres ; le premier montre comment se faire
aimer, le second comment faire durer l'amour, et le troisième pourquoi il
vaut encore mieux ne pas aimer du tout. Ce plan s'inspire évidemment
d'Ovide, mais le livre III montre bien qu'il y a un profond changement de
perspective.

Le premier livre est donc une théorie de la séduction, mais il a une
double originalité par rapport à Ovide et au *Roman de la Rose* : d'une
part, il insiste lourdement sur les problèmes posés par le rang social des
deux partenaires ; d'autre part, il se présente comme une sorte d'apologétique scolaire de l'amour : les problèmes y sont discutés d'une façon
théorique et logique, et c'est même par cette voie de la démonstration
scolastique que l'amoureux est censé convaincre celle qu'il aime de cé-
der. Ces deux orientations ont amené André le Chapelain à donner la

2. Texte dans Oulmont, ibid. p. 107 sqq ; dans les *Carmina Burana,* éd. Hilka-
Schumann, 1941, I, 2, p. 94 sqq ; et dans l'*Oxford book of medieval Latin verse,*
p. 312-316.

place essentielle, dans ce premier livre, à une série de dialogues correspondant à presque toutes les combinaisons possibles des divers rangs
sociaux ; un bourgeois s'adresse à une bourgeoise, un bourgeois à une
femme noble, un bourgeois à une femme de haute noblesse, un noble à
une bourgeoise, un noble à une femme noble, un homme de haute noblesse
à une bourgeoise, un homme de haute noblesse à une femme noble, un
homme de haute noblesse à une femme de haute noblesse. Ces dialogues
sont des *exemples typiques,* toujours en style de raisonnement scolaire,
mais mettant en jeu des arguments très variés, correspondant souvent
(dans les dialogues entre nobles en particulier) aux problèmes généraux
de l'amour et non à la situation spécialement envisagée. C'est ainsi que
le cinquième dialogue nous rapporte longuement une sorte de vision de
l'amoureux : égaré dans une forêt, il a vu en quelque sorte les Enfers de
l'amour : le bonheur récompensant les dames qui ont su accepter un amant
fidèle, les punitions qui attendent celles qui se donnent à tout le monde
ou qui se refusent à tout le monde. Le personnage visite trois régions,
amœnitas, humiditas, siccitas, accueillant respectivement ces trois catégories de dames - la première étant un splendide jardin comparable à
celui de la *Rose* - et il atteint le siège de la Reine d'Amour, qui lui remet solennellement les Douze Règles de l'Amour *(prœcepta Amoris).*
Dans le septième dialogue est évoqué le problème du mariage : l'amoureux assure à la dame qu'elle ne peut pas trouver l'amour dans ses rapports avec son mari, parce que ces rapports sont un *devoir* ne lui laissant
pas la possibilité d'accorder ou de refuser ses faveurs ; le mariage
contredit la définition de l'amour, qui est : "immoderata et furtim et laten-
tis amplexus concupiscibiliter percipiendi ambitio" (éd. Trojel p. 142).
La fin du livre I exclut de l'amour les clercs, les moniales, les femmes
trop faciles, les paysans et les prostituées.
    Le livre II envisage les problèmes posés par la continuation de l'a-
mour : augmentation, diminution, ruptures... ; la partie la plus intéressante est le chapitre VII, qui présente des jugements d'amour ; 21 problèmes
sont censés avoir été posés à de grandes dames comme Marie de Champagne, qui les tranchent sans appel (par ex. : un amant a été mutilé au
combat, sa maîtresse le repousse, on la condamne). Le chapitre VIII énu-
mère 31 "règles de l'amour", présentées dans un récit qui imite les romans arthuriens (conquête de l'épervier par un "Breton") et qui rappel-
lent celles du livre I, avec des nouveautés : l'amour ne doit pas être ré-
vélé, l'amant doit pâlir en voyant celle qu'il aime, seule la *probitas*
(= français "prouesse") rend digne d'amour, on ne doit aimer qu'une
seule personne, etc.
    Le livre III, inspiré des *Remèdes d'Amour* d'Ovide, est cependant
beaucoup plus radical, car il pose en principe, au nom de la doctrine
chrétienne, un refus catégorique de l'amour : il y a donc une contradiction apparente avec les deux premiers livres. Ayant pris l'amour de plus
haut qu'Ovide dans les deux premiers livres, en ayant fait une véritable
valeur, André est amené aussi, maintenant, à prendre les choses d'une
façon plus profonde : aux petits conseils techniques d'Ovide pour se débarrasser de la passion, il va joindre un raisonnement philosophique : le
meilleur moyen pour rejeter un amour qui vous pèse, c'est de réfléchir
qu'après tout, les femmes ne valent pas la peine qu'on se donne tant de
mal pour elles ; comme dans les deux premières parties, l'art de "convaincre" intellectuellement est confondu avec celui d'"agréer", de persuader
effectivement (André n'a pas réfléchi comme Pascal sur ce problème !).
Et l'on arrive à une véritable palinodie par rapport aux livres précédents,

André se laissant aller à une diatribe contre les femmes, dont nous reparlerons plus loin, car elle se rattache à une tradition dont s'inspire le
discours du Jaloux chez Jean de Meun. Celui-ci ne paraît pas imiter
directement, sur ce point, le *De arte honeste amandi* ; en tout cas, il ne
donne à ses deux diatribes contre les femmes qu'un rôle indirect et secondaire dans l'ensemble de son argumentation. Au contraire, André le
Chapelain met sa tirade antiféministe en bonne place, à la fin de son
livre. Lewis pensait que Guillaume de Lorris, pour l'imiter, aurait fini
son œuvre par une palinodie analogue s'il l'avait terminée lui-même :
c'est très peu vraisemblable, et cela importe peu.
   Du point de vue de la forme littéraire, on voit tout de suite les ressemblances et les différences entre le *De amore* et le *Roman de la Rose*. La
différence avec Guillaume de Lorris est le passage à un type d'exposition
poétique. Chez Jean de Meun, on tend de nouveau à l'exposé scolaire,
mais chaque abstraction présente les choses sous un jour si personnel
qu'on pourrait dire, paradoxalement, que les longs discours du *Roman de
la Rose* sont plus proches d'une œuvre dramatique vivante que les dialogues bien impersonnels d'André le Chapelain ; en outre, Jean de Meun,
quoi qu'on dise trop souvent, laisse une place importante à la narration.
Les ressemblances entre le *De arte amandi* et le *Roman de la Rose* sont
dans le but didactique, dans la place donnée au personnage de l'amoureux (tout se situe de son point de vue), et surtout dans certains détails :
jardin d'Amour, règles de l'Amour, certains jugements d'Amour. L'ouvrage d'André se présente un peu comme une parodie des ouvrages de théologie ou de droit canon : exposé scolaire (sans appel aux "autorités",
mais par appel au raisonnement, suivant les principes d'Abélard), discussions dialectiques, casuistique. Cependant, il suffit de comparer avec
le *Concile de Remiremont* pour voir qu'André ne cherche pas seulement à
amuser et à s'amuser, puisqu'il prend soin de présenter l'amour sous son
jour le plus noble, discute très sérieusement de certains problèmes de
rapports sociaux, etc.
   On peut donc chercher à comparer son œuvre avec celle de Guillaume
de Lorris et de Jean de Meun d'un point de vue plus profond. Certains
manuels disent légèrement que le *Roman de la Rose* est la mise en forme
poétique du traité d'André. C'est tout à fait inexact. La différence capitale est dans l'importance donnée par André à la pression des institutions sociales : statut social, mariage. On pourrait dire que son œuvre
tend à se placer dans une perspective sociologique. Cette perspective
reparaît par moments chez Jean de Meun, mais, ou bien c'est dans un
exposé marginal et non pas directement en fonction de la séduction, ou
bien elle est réduite à l'opposition financière entre Pauvreté et Richesse,
qui, nous le verrons plus loin, ne sont pas liées à un système hiérarchi-
que bien organisé comme celui d'André le Chapelain. Chez Guillaume de
Lorris, cette perspective sociologique est radicalement absente. Les
institutions de la société n'interviennent qu'indirectement dans la seconde partie du *Roman de la Rose,* et pas du tout dans la première : rien sur
le rang social des deux principaux personnages, rien sur le mariage
(Guillaume de Lorris *ne pose pas* le problème du mariage : la conquête de
la Rose, à part quelques allusions où il est question de "pucelle", peut
représenter aussi bien la séduction d'une femme mariée que celle d'une
jeune fille, et, dans le second cas, on ignore si le but est matrimonial).
   Cependant, il y a une parenté de fond entre le *De Amore* et l'œuvre
entreprise par Guillaume de Lorris. C'est l'idée que l'amour est la valeur
première en ce monde : "Quid valeat in saeculo bonum ab aliquo exerceri,

nisi ex amore suam sumat originem, videre non possum" (éd. Trojel,
p. 86). *In saeculo* est important : "dans ce monde d'ici-bas". Les deux
premières parties du *De Amore* supposent que le point de vue chrétien
est mis de côté : "sed divinarum rerum ad praesens disputatione amissa"
(p. 164). La troisième partie, au contraire, prend une portée que n'a-
vaient pas les *Remedia* d'Ovide, grâce à l'utilisation de la perspective
chrétienne. Dans cette opposition entre la troisième partie et les deux
premières apparaît le sentiment qu'il existe deux *ordres,* un ordre naturel
et un ordre surnaturel, et que le premier a ses valeurs propres, bien que
le second lui soit supérieur, ce qui résoud la contradiction apparente.
Cela rappelle, bien sûr, la distinction nette d'Albert le Grand entre le
domaine de la philosophie et celui de la théologie... mais Albert le Grand
n'ira pas jusqu'à la contradiction. Chez André, au contraire, on est tout
près de la doctrine "averroïste" de la "double vérité", et l'on comprend
la place qui lui sera réservée dans la condamnation de 1277...

Les premiers lecteurs du *De Amore,* cependant, n'avaient sans doute
pas compris cette distinction de deux "ordres" dans cette perspective
épistémologique et métaphysique, mais plutôt d'un point de vue social.
Opposer "l'ordre spirituel" et "l'ordre temporel", pour les lecteurs du
XIIe siècle, cela devait revenir à peu près à opposer "l'ordre du clergé"
et "l'ordre des chevaliers". Lorsque la "femme de haute noblesse" pose
la distinction sur un plan abstrait ("mundanis rebus superiores causas
esse praelatas cupiens demonstrare", p. 164), c'est une reculade qui rend
son argumentation purement théorique et peu efficace : son amoureux de
même grade venait de lui dire que, si elle ne voulait absolument pas of-
fenser Dieu, elle n'avait qu'à se faire religieuse, car on ne peut pas
rester un pied au ciel et l'autre sur la terre (p. 162). Le laïc chrétien est
dans une paradoxale situation de compromis : s'il reste laïc, c'est qu'il
admet des valeurs purement séculières. Pour donner une justification à
ces valeurs séculières, André esquisse une théorie qu'exploitera abondamment Jean de Meun : utiliser la réhabilitation du concept de Nature,
qui apparaît dans la philosophie de l'époque, et dire que ces valeurs sont
défendables vis-à-vis de la religion en tant que naturelles : "Credo tamen
in amore Deum graviter offendi non posse ; nam quod natura cogente perfi-
citur, facili potest expiatione mundari" (p. 162). Mais cette phrase admet
encore dans la nouvelle valeur laïque une impureté intrinsèque dont Jean
de Meun la dégagera. Chez Guillaume de Lorris, ce problème de l'amour
comme valeur séculière ou "naturelle" reste inconscient, mais il sous-
tend malgré tout la première partie du Roman, qui construit en quelque
sorte, autour de la valeur Amour, une sorte de théologie séculière.

Remarquons, cependant, que chacun des deux ordres posés par André
le Chapelain tend à être ramené à des valeurs intellectuelles. La troisième partie développe bien moins l'idée : "l'amour n'est pas chrétien" que
l'idée : "l'amour n'est pas raisonnable". Dans les deux autres parties,
pour chaque problème de détail, André cherche à montrer que l'amour
doit être aussi *raisonnable* que possible. Il est à l'opposé de l'esprit
mystique ou romantique, bien plus que Guillaume de Lorris et même que
Jean de Meun, qui laisse le dernier mot à Nature contre Raison. C'est,
du reste, ce rationalisme qui amène André à des idées étonnantes sur
l'amour. Il décortique le sentiment amoureux et le plaisir amoureux,
cherche exactement sur quoi ils se fondent, et découvre, 450 ans avant
Pascal, que c'est la chasse et non la "prise" qui compte ; c'est pourquoi
l'amour dans le mariage lui paraît impossible. Il voit bien, comme le note
M. Zumthor, que la joie d'amour est "le frémissement agréable d'une

sensibilité qu'il importe de maintenir dans un état d'équilibre perpétuel-
lement instable" ; M. Zumthor reproche à André cette conception, qui fait
de l'amour "une tension de l'être sur le vide, puisqu'il renonce par principe au but de son effort qui serait la possession dans la paix". Mais
Pascal a bien montré que toutes nos "tensions" sont, au fond, des "tensions sur le vide", en ce sens que la possession parfaite les brise, que
la "paix" parfaite est la mort ; peut-être seulement vaudrait-il mieux que
nous n'en prenions pas trop conscience. André le Chapelain a peut-être
tort de faire de la préférence pour la chasse sur la prise un *principe* que
nous nous posons pendant la chasse. Le chasseur a besoin d'avoir l'illusion qu'il veut rapporter du gibier pour le dîner. L'homme moderne perd
cette illusion dans l'amour, et c'est pourquoi l'amour n'est plus pour lui
qu'une satisfaction physique.

André a atteint les *limites* des valeurs naturelles, sans voir que c'é-
taient des limites. Guillaume de Lorris ne le suit pas dans cette conception hyperconsciente de l'amour : naïvement, il présente bel et bien la
"possession dans la paix" comme le but de la quête amoureuse. Jean de
Meun, lui, a mieux vu le problème, et il a carrément démoli la seconde
partie du *De Amore* en s'appuyant sur la troisième : prétendre posséder
durablement une femme, c'est une vue de mari jaloux, et non l'idéal d'un
amant - c'est culture et non nature. L'amour courtois, même sous la forme naïve de Guillaume de Lorris, aurait pu être le moyen de dépasser
cette antithèse. Jean de Meun la pose, au contraire, au niveau de la tradition ovidienne - ou, si l'on veut, au niveau des fabliaux : c'est l'antithèse du cocu et du baiseur. On peut lui reprocher d'être resté ainsi en -
deçà de l'amour courtois, ou le féliciter de l'avoir dépassé. Il serait
tentant de voir dans son refus de la "fine amour", dans son retour à la
tradition païenne, une forme du mouvement par lequel la pensée de son
époque revient du ciel sur la terre (cp. le retour au "sens littéral") ; mais
attention : Jean de Meun vante l'amour physique pour l'opposer explicitement à la chasteté, non à la "fine amour". Malgré tout, cet éloge de
l'amour physique n'est pas simple grivoiserie, mais prise au sérieux de
ce qui ne faisait qu'amuser Ovide.

Cette prise au sérieux n'a pas gagné tous les auteurs latins du XIIe
siècle, loin de là. Nous restons au niveau du jeu superficiel dans une
œuvre qui a eu certainement une grosse influence sur le *Roman de la
Rose* : le *Pamphilus*, écrit en latin par un inconnu vers la fin du XIIe siècle. C'est un poème de 780 vers (distiques élégiaques), qui a eu un gros
succès au Moyen Age ; plusieurs manuscrits le conservent sous le titre
De arte amandi. En effet, l'auteur semble avoir voulu imiter Ovide. Mais,
alors qu'André le Chapelain l'avait imité en forçant dans le sens didactique et en supprimant la forme poétique, le *Pamphilus*, au contraire,
allège l'élément didactique et se présente comme une petite comédie,
qu'on pourrait jouer puisque c'est une suite de monologues et de dialogues, avec une action dramatique. C'est l'histoire d'une séduction : le
jeune Pamphile, amoureux de la jeune Galatée, recourt aux conseils de
Vénus, qui lui fait un cours d'Amour ; il déclare son amour à Galatée et
obtient un baiser ; ensuite, il recourt aux services d'une entremetteuse,
la "Vieille" (*anus*), qui, après diverses tractations faisant croître habile-
ment l'amour de Galatée, leur ménage une rencontre où Pamphile arrive à
ses fins ; Galatée, en larmes, s'en prend à la vieille, mais celle-ci les
console en disant qu'ils se marieront. On retrouve dans le *Roman de la
Rose* les quatre personnages de cette comédie, le rôle de Vénus étant
transféré sur le "dieu d'Amours" ; on y retrouve aussi le problème de la

séduction posé d'une façon analogue, lié au thème de la jeunesse. Langlois a proposé de nombreux rapprochements de détail entre les deux œuvres : il semble bien que Guillaume de Lorris ait pris l'action du *Pamphilus,* en la transposant dans le cadre allégorique du "jardin de Vénus", qu'il trouvait ailleurs, et en l'imprégnant du nouvel esprit de la littérature courtoise.

B. LE ROMAN COURTOIS.

Cet esprit courtois, en effet, s'est manifesté d'abord dans des œuvres narratives et lyriques, bien avant de faire l'objet d'exposés théoriques ou allégoriques. Il est connu surtout du public moderne cultivé par les "romans courtois" dont la vogue a commencé au milieu du XIIe siècle, et qui se taillent la part du lion dans les programmes d'ancien français de nos Universités. Il n'est donc pas nécessaire d'insister lourdement sur ces œuvres bien connues ; il suffit d'esquisser quelques remarques sur les éléments que peut leur devoir le *Roman de la Rose.*

Les "romans antiques", qui semblent la variété la plus ancienne du roman courtois, se distinguent nettement à la fois de leurs modèles latins et de la chanson de geste (à laquelle ils ressemblent par leurs grands récits de batailles) par l'importance qu'ils donnent aux personnages féminins (Lavinie, Briséida, Antigone et Ismène) et à l'amour, analysé dans sa naissance, dans ses troubles et dans ses chagrins. Les personnages s'y parlent avec une certaine politesse mondaine, mais cela n'empêche pas leurs sentiments d'être très passionnés et même parfois d'une sensualité brutale, à tel point que J-Ch. Payen s'est demandé si le sujet antique n'y était pas un alibi permettant d'évoquer un monde où l'amour n'était pas bridé par la morale chrétienne ; ce procédé de l'alibi antique a peut-être constitué une première étape à partir de laquelle Jean de Meun, plus hardi, aurait esquissé une sorte de synthèse entre morale païenne et morale chrétienne autour d'une conception philosophique de la Nature, la présence constante des "exemples" d'histoire ancienne et de mythologie dans le *Roman de la Rose* témoignant de l'attachement à une même tradition littéraire que dans *Eneas* ou le *Roman de Troie,* alors que Guillaume et Jean ignorent complètement les traditions celtiques. Mais il ne faudrait pas croire que cet appel à l'Antiquité s'oppose brutalement à l'atmosphère onirique des récits arthuriens, et que c'est elle qui a orienté le *Roman de la Rose* vers cet intellectualisme allégorisant qui finira par dominer la tradition antiquisante au XVIIe siècle : en effet, dans le *Roman d'Alexandre* la scène des dryades représentait des guerriers obtenant (sans peine) l'amour de créatures surnaturelles dans une forêt magique : un besoin semble donc y apparaître de situer l'amour idéal dans une nature paradisiaque distincte du monde réel ; le "jardin de Vénus" est revivifié par le nouveau goût pour le merveilleux.

Dans les *Lais* attribués à Marie de France, les personnages masculins sont assez pâlots et maladroits ; la psychologie est sommaire ; mais les héros donnent souvent l'impression de vivre, comme celui de Guillaume de Lorris, dans un monde clos où l'amour est le souci essentiel, le reste de la vie n'étant guère qu'accidentel. Il en est de même dans le *Tristan* de Thomas, mais l'atmosphère de Marie de France est plus proche de celle de Guillaume de Lorris et même de Jean de Meun (malgré l'intellectualisme scolaire commun à Thomas et à Jean), parce que les passions sont moins violentes chez elle, et la fatalité généralement moins impitoyable - ou, du moins, sa rigueur provoque la tristesse plutôt que le désespoir ; le *Roman de la Rose* ne doit rien aux épisodes tragiques de la légende de Tristan.

Chrétien de Troyes est un narrateur trop varié et un psychologue trop fin pour présenter une conception uniforme de l'amour. Il semble même avoir réagi contre une systématisation artificielle qui fixait à la "fine amor" des "règles" incompatibles avec l'idéal moral (qui est, pour lui, plus dynamique que soumis à une réglementation précise): impossibilité de l'amour dans le mariage, dévirilisation de l'homme. Il s'intéresse au conflit des deux données qui fondent les romans du cycle arthurien, l'amour et l'aventure, et tente de surmonter le conflit en faisant de l'amour une passion ennoblissante qui pousse aux plus belles aventures. Guillaume de Lorris ne le suit pas du tout sur ce point, et en reste au "service d'amour" des troubadours. Jean de Meun le suit encore moins, puisqu'il n'estime guère l'aventure guerrière et justifie l'amour d'un tout autre point de vue.

En un sens, on est d'abord tenté de voir dans Chrétien de Troyes un "idéaliste" et dans Jean de Meun un "réaliste" : l'un voit l'amour compatible avec la vie du foyer et avec la droiture, l'autre en fait une technique sans illusions, comme nous le verrons par exemple à propos de l'" antiféminisme" et de Faux-Semblant. En un autre sens, pourtant, c'est Chrétien qui est le réaliste et Jean de Meun l'idéaliste, puisque le second rattache l'amour à toute une philosophie de la Nature et oppose aux faveurs de la vie courtoise les droits naturels des déshérités, tandis que le premier accepte telle qu'elle est la vie sociale aristocratique de son temps et lie étroitement à cette acceptation tout l'espoir d'une "Joie", la prouesse individuelle ne brisant jamais l'équilibre d'une réalité déjà assez harmonieuse pour la permettre.

Revenons cependant au niveau de la technique littéraire. Il peut paraître paradoxal de comparer une œuvre "allégorique" et "didactique" à des romans qui mettent en action des personnages réels et qui n'interrompent guère cette action par des discours théoriques. Cependant Paul Zumthor a pu dire que la seconde partie de ce qu'avait écrit Guillaume de Lorris était constituée "d'une série d'aventures organisées de manière conforme à la technique romanesque mise au point par Chrétien de Troyes et ses premiers successeurs" (*Essai de poétique médiévale*, p. 372). Ce jugement demanderait à être justifié par une analyse précise, qui devrait même s'étendre aux parties narratives de Jean de Meun : il vaudrait la peine d'examiner ce qui, dans la technique littéraire du *Roman de la Rose*, est commun avec le roman courtois et ne se trouve pas dans l'allégorie latine.

En tout cas il y a un procédé précis sur lequel le rapprochement s'impose, celui de la personnification, que l'allégorie latine situait au niveau de la métaphysique ou de la morale abstraite, alors que le roman courtois du XIIe siècle l'utilise - fugitivement, il est vrai - à un niveau plus psychologique. Ce rapprochement a été fait par Ch. Muscatine et repris dans la thèse de Marc-René Jung. Ch. Muscatine souligne que les romans courtois présentent le conflit intérieur à l'âme sous la forme d'un monologue intérieur, ou plutôt d'un dialogue entre des abstractions représentant les diverses tendances qui se disputent l'âme du personnage. La forme la plus fréquente est celle d'un dialogue entre *Amour* et *Raison* (ou

Sen, Sapience, Savoir), que l'on trouve dans *Enéas, Troie, Narcissus, Eracle, Cligès, Floire et Blancheflor,* etc.; cela correspond à la division établie à l'époque par les philosophes entre puissances rationnelles et puissances affectives, dans leur classification des "puissances de l'âme". Le dialogue est systématisé jusqu'à la stichomythie dans *Enéas* (monologue intérieur de Lavinie, 8134-8141). Ailleurs, on a le dialogue intérieur sans personnification, mais on pourrait nommer les voix qui parlent. Souvent, ces voix sont nommées explicitement. Dans *Le Chevalier de la Charrette,* vers 365-377, le dialogue est présenté au style indirect, Raison conseillant à Lancelot de ne pas monter dans la charrette d'infamie :

> 370   N'est pas el cuer, mes an la boche,
> Reisons qui ce dire li ose,
> Mes Amors est el cuer anclose
> Qui li comande et semont
> Que tost an la charrete mont.

Mais, dans l'*Escoufle,* on a un dialogue au style direct :

> [Raison] li dist : "Fole, demeure :
> Vels tu honnir tot ton lignage ?
> Se tu t'en vas en soignentage,
> Tuit ti ami i aront honte."
> Mais Amors abat et sormonte
> Son sens, et boute tot ariere
> Raison, et dist : "En quel maniere
> Puet cis voiages remanoir...?"

En dehors de ces débats systématiques, dont on trouvera une bonne étude dans la thèse de M-R. Jung, des personnifications apparaissent au fil des romans, suivant les nécessités de l'analyse psychologique. Tous les personnages du *Roman de la Rose,* d'après les relevés de Ch. Muscatine, apparaissent au moins une fois dans un roman courtois, sauf Bel Accueil, Vénus et Jalousie. Ces emplois sont particulièrement fréquents dans le *Lai de l'Ombre.* Souvent, ces personnages ne parlent pas, mais ils *agissent* dans l'esprit des héros. Un gros problème se pose alors : peut-on parler de personnification ? On sait que l'ancien français, normalement, ne met pas d'article devant les noms représentant des concepts moraux ; et l'éditeur moderne est souvent bien embarrassé pour savoir s'il doit les imprimer avec une majuscule, affirmant ainsi que l'auteur médiéval a bel et bien voulu les personnifier. Dans de nombreux cas, on pourrait aussi bien considérer qu'il s'agit simplement d'un *abstractum agens,* comme dans les expressions modernes : *la peur me saisit, le bon sens triomphe,* que nous employons sans avoir la moindre intention de figurer "la Peur" ou "le Bon Sens" sous une forme analogue à celle d'êtres humains. La tendance de M.-R. Jung est de limiter le domaine de l'allégorie, et de désapprouver souvent l'emploi de la majuscule. En fait, cet emploi, qui ne correspond exactement à aucune notion courante du Moyen Age, est toujours artificiel. Le grand public du XIIᵉ et du XIIIᵉ ne faisait pas la distinction nette entre nom commun et nom propre que nous permettent aujourd'hui l'emploi de l'article et celui des majuscules. Dans l'esprit médiéval, le simple emploi d'un *nom* abstrait est déjà, inconsciemment, une ébauche de personnification. Les œuvres "allégoriques" comme le *Roman de la Rose* ont certainement contribué à mieux faire prendre conscience de la différence entre la personnification et la simple notion abstraite, différence qui n'est pas encore nette dans les romans courtois.

Bien entendu, un autre trait important, également souligné par M.-R. Jung, distingue les "allégories" des romans de celles de Guillaume de Lorris et de Jean de Meun : dans les romans, il s'agit de cas particuliers, intégrés dans des intrigues concrètes, une force comme *Raison* représentant la prise de conscience, chez un personnage, d'une situation sociale précise rendant son amour impossible ou fautif ; dans le *Roman de la Rose,* on atteint un niveau d'abstraction supérieur, chaque notion personnifiée pouvant correspondre à des situations assez différentes (cf. mes remarques sur *Bel Accueil* dans mon *Français Médiéval,* p. 176). Enfin, les débats des romans courtois n'opposent jamais plus de deux "puissances de l'âme" : le poème allégorique proprement dit élargit ce cadre. Nous y reviendrons au chapitre suivant. Mais ce qui relie étroitement les personnifications des romans à celles de la *Rose* par opposition à celles de l'allégorie latine, c'est le lien qui les rattache aux problèmes de l'amour et non à la métaphysique : la *Raison* de Chrétien de Troyes, comme celle de Guillaume de Lorris, n'est pas la Raison divine qui gouverne le monde, mais la réflexion qui tend à écarter l'homme des excès de la passion.

C. LES TROUBADOURS.

A travers les romans courtois s'est donc développée dans la littérature de langue d'oïl une véritable *idéologie* de l'amour, inconnue à la tradition antique, et même mal assimilée par André le Chapelain qui la ramène à une doctrine scolastique peu intégrée à la vie. On s'accorde généralement pour placer l'origine de ce caractère idéologique attribué à l'amour profane dans la lyrique occitane des XIe et XIIe siècles. R.-R. Bezzola fait même de Guillaume IX d'Aquitaine, le premier grand troubadour, un véritable "inventeur" qui aurait voulu donner à la noblesse une sorte d'idéologie laïque opposable à la mystique des clercs. Cette théorie majore sans doute le rôle d'un individu, mais décrit assez bien le climat dans lequel a dû apparaître la "fine Amour".

Ce qui nous incite à rattacher directement le *Roman de la Rose* à la lyrique occitane, c'est l'ambiance de *jeu* qui y règne. Ch. Camproux, dans des articles ("La joie civilisatrice chez les troubadours", dans *La Table Ronde,* janvier 1956, p. 64-69), puis dans un livre important *(Joy d'amor* (jeu et joie d'amour), Montpellier, Causse et Castelman, 1965), a proposé de rattacher le mot de langue d'oc *joi,* fondamental dans l'éthique des troubadours, au latin *joculum* ("jeu"), sa collision homonymique avec le mot de langue d'oïl *joie* qui correspond à l'occitan *gaug* (latin . *gaudium,* "plaisir de la jouissance") étant accidentelle. De fait, l'atmosphère de la lyrique occitane correspond bien à la notion de *jeu* : il y a des règles à suivre (les femmes ne sont attaquées que si elles ne les suivent pas) à l'intérieur d'un univers clos, séparé, artificiel. Mais les ouvrages célèbres de Huizinga et de Roger Caillois ont bien montré que le jeu, loin d'être stérile, était un facteur important dans le développement des civilisations. C'est bien ainsi que le voit Charles Camproux, pour qui le "jeu d'amour" est la notion fondamentale autour de laquelle s'est développée une culture occitane, qu'a tuée au début du XIIIe siècle la Croisade des Albigeois. Les analyses des spécialistes des troubadours, comme Ch. Camproux et surtout René Nelli, ne sont pas exemptes de passion partisane, et il faut se méfier de leur amertume de principe

contre sept siècles de "colonisation nordiste" ; un "progressisme" qui
place son idéal huit cents ans en arrière fait un peu sourire. Mais ce qui
reste vrai, c'est l'opposition entre une conception romantique de l'amour,
représentée au XIIᵉ siècle par la légende de Tristan, où le tragique est
lié au sens du péché, et une conception joyeuse et simple, dirigée vers
la vie plus que vers la mort, n'opposant pas la chair et l'esprit, conception qui domine dans la lyrique occitane et, en fin de compte, dans *tout*
le *Roman de la Rose*. Alan Gunn a bien montré que l'unité profonde de
l'œuvre de Guillaume et de celle de Jean tenait essentiellement à ce
qu'ils avaient écrit un "roman de formation", un récit dans lequel on voit
un jeune homme "s'acculturer", comme disent les sociologues, accéder
par une initiation longue, parfois douloureuse, mais exaltante, à une civilisation qui ne lui est pas donnée toute faite, mais qu'il contribue à
faire progresser en direction de ses valeurs. C'est sans doute cet aspect
du *Roman de la Rose* qui pourrait susciter les rapprochements les plus
fructueux avec la lyrique occitane.

Cela dit, des rapprochements plus formels s'imposent avec certains
textes ou certains procédés de style des troubadours. Certains de ceux-
ci, Marcabru en particulier, emploient couramment la personnification.
Certes, il faut être prudent sur ce point : ce qui nous paraît une abstraction personnifiée n'est souvent, chez les troubadours, qu'un *senhal*, une
sorte de surnom métonymique donné à la bien-aimée ; d'autre part, le
problème de la délimitation avec le simple *abstractum agens* se pose
comme pour le roman courtois. Mais Marcabru, pour la première fois, représente (épisodiquement, mais explicitement) la lutte entre les valeurs
courtoises *(Amor, Joi, Joven, Proeza)* et les anti-valeurs *(Malvestat,
Avoleza)* sur un modèle militaire analogue à la guerre des Vertus et des
Vices chez Prudence : le siège de la tour est inverse de celui du *Roman
de la Rose* (les assaillants sont les méchants), mais il a pu l'inspirer
(cf. Jung, p. 123).

Plus proches encore du *Roman de la Rose* sont des œuvres de Guiraut
de Calanso (vers 1200). Dans un texte théorique destiné à l'enseignement des jongleurs, il présente, comme une sorte de modèle réduit à ses
grandes lignes, une personnification de l'Amour sous la forme d'une
chasseresse dont les deux carreaux d'arbalète - l'un d'or, l'autre d'acier
- s'opposent comme les deux jeux de flèches chez Guillaume, avec une
mention des "commandements" d'Amour, de ses "secours", de ses "degrés", et de ses "engins". Dans sa chanson "A leis cui am de cors e de
saber", il nous représente plus en détail un être féminin qu'il appelle
"le moindre tiers d'Amour", en nous montrant son art à toucher l'adversaire (d'un dard d'acier, de flèches d'or et d'un dard de plomb), ses origines (elle est née d'*Azaut* et de *Joi*), son palais où n'entrent "ni vilains,
ni mal appris", et les allées et venues par lesquelles elle "tient bas les
uns et fait valoir les autres". On trouvera ces textes avec un commentaire détaillé dans la thèse de M.-R. Jung, p. 133-146. M. Jung accepte
peut-être un peu trop facilement l'interprétation des "trois tiers d'Amour"
donnée en 1280 par Guiraut Riquier. Il était trop facile, après la Croisade
des Albigeois, d'assimiler ces "trois tiers" à trois sortes d'amour exclu-
sives entre elles, et d'opposer l'amour spirituel à l'amour charnel de
Guiraut de Calanso. Mais, pour celui-ci, les "trois tiers" ne semblent
nullement s'exclure (ce qui, du reste, rendrait leur dénomination illogique) : il semble plutôt qu'il envisage un *élargissement* de la passion
charnelle à un amour fondé sur les valeurs sociales (*Franqueza* et *Mer-
ces*, qu'il lie au "second tiers d'Amour"), et à un amour spiritualisé qui

"plane au-dessus du ciel" sans qu'il l'oppose pour cela à l'amour physique. On est plutôt, en somme, au niveau du discours de Nature chez Jean
de Meun qu'au niveau du discours de Raison, qui classe les différentes
espèces de l'amour.

Il faut citer enfin un texte important qui n'est peut-être pas la "source"
du *Roman de la Rose,* mais qui nous prouve que l'idée de réunir le thème
du songe, celui du verger et celui de la symbolique amoureuse était
"dans l'air" quelques années avant Guillaume de Lorris. Il s'agit de la
tenso "En Guillem de Saint Deslier, vostra semblanza..." dans laquelle
le troubadour Guillaume de Saint-Didier se représente en train d'expliquer
à un interlocuteur anonyme la signification d'un songe qui l'intrigue. Ce
texte a été édité par Aimo Sakari (*Mémoires de la Société Néophilologi-
que de Helsinki,* 19-20, 1956-1959, p. 128 à 134). Je donne ici le texte et
la traduction fournis par cet éditeur. On trouvera une discussion sur
certains détails dans l'ouvrage de M.-R. Jung, p. 128-132.

I   En Guillem de Saint Deslier, vostra semblanza   1
    Mi digatz d'un soin leugier qe‑m fo salvatge :
    Qu'ieu somjava, can l'autr'ier en esperanza
    M'adurmi ab lo salut d'un ver messatge,   4
      En un vergier plen de flors
      Frescas, de bellas colors,
      On feri uns venz isnels
      Qe frais las flors e-ls brondels.   8

II   Don, d'est sompni vos dirai, segon m'esmanza.
    Q'en en conoise ni m'es vis en mon coratge :
    Lo vergiers, segon q'en penz, signifianza
    Es d'Amor, las flors, de domnas d'aut paratge,   12
      E-l venz, dels lauzenjadors,
      E-l bruiz, dels fals fegnedors,
      E la frascha dels ramels
      Nos cambi' en jois novels.   16

III   *En* Guillem, un arbre vi d'estragna guiza
    Deguizat mais de colors c'om non sap pegnier ;
    Aqel fer tan fort lo venz e fraing e briza
    La ge*n*zor flor q'em folla *la* fait estregnier,   20
      E vi mai : *d'*un surigier
      En l'air' un astor gru*y*er,
      Con un falco montargi
      C'ab una grailla fai ni.   24

IV   Don, l'arbres qe vos lai vist, es do*m*n' en guiza
    Qi laissa grant part de gent de s'amor fegnier,
    E la flors qe vos lai vist el ram asiza
    Es domna qe granz crimz baiss'e fai estregner,   28
      E-l vezins del surigier
      Drutz qe fan amar dinier,
      E del falcon atressi
      Drutz valenz que lai s'aizi.   32

V   En Guillem, una flor lai vi bell' e blancha
    Qe vas totas partz respland e segnoreja ;

Aqi lo venz non *fer ges, mas se* restancha,
Ni-l flors no-i p*er*t sa valor ni rams no's pleja ;   36
Cujei montar lai on fon
E vi lonc leis un leon
Et environ no sei qanz
Veltres e lebrers renanz.   40

VI Don, la flor qe vos lai vist es domna francha
On beutatz e pretz e joia segnoreja,
On malvestatz non *fer ges, mas se* restancha,
Cui cobeitatz d'Amor eus *non* fai enveja,   44
E li veltre d'eviron,
Malvatz lauzengier fellon,
E-l lions, gelos bruianz
P*er* qe nos moc l'espavanz.   48

TRADUCTION : I. – Messire Guillem de Saint-Didier, veuillez me dire votre opinion sur un rêve fugitif dont je n'ai pu pénétrer le sens : l'autre jour, quand, m'étant endormi plein d'espoir, après que m'eut salué un messager fidèle, je rêvai d'un verger rempli de fleurs fraîches aux belles couleurs, où se précipita un vent rapide, brisant fleurs et rameaux.

II. – Seigneur, je vous dirai – opinion toute personnelle – ce que j'en pense et ce qu'il m'en semble : selon moi, le verger est l'allégorie d'Amour, et les fleurs, de dames de naissance noble, le vent représente les médisants, le bruit, les faux hypocrites, et le bris des rameaux nous transporte en de joies nouvelles.

III. – Messire Guillem, je vis un arbre extraordinaire, plus bariolé de couleurs qu'on ne saurait le faire ; le vent le frappe si fort et tant en rompt et brise la plus jolie fleur qu'elle doit se réfugier en le feuillage. J'y vis aussi, dans l'aire d'une crécerelle, un autour sylvestre, ainsi qu'un faucon des montagnes faisant nid avec une corneille.

IV. – Seigneur, l'arbre que vous avez vu là est une dame bien formée qui laisse une multitude soupirer pour elle, et la fleur que vous avez vue là sur le rameau, une dame que grande rumeur trouble et fait se reclure ; le compagnon de la crécerelle est un amant dont l'argent favorise l'amour, et celui du faucon, un noble amant qui est (trop) accommodant.

V. – Messire Guillem, j'ai vu là une belle fleur blanche qui dominait par son éclat tout ce qui l'entourait et devant laquelle le vent, impuissant, s'arrêta net de sorte que la fleur ne perdit rien de son prix ni le rameau ne se plia ; j'entrepris de monter là où elle était, et je vis un lion à côté d'elle, et à l'entour force chiens courants et lévriers grondants.

VI. – Seigneur, la fleur que vous avez vue là est une dame noble en laquelle règnent souverainement beauté, mérite et joie, que la méchanceté n'atteint pas, [si vertueuse que] même la convoiteuse d'Amour ne lui fait pas envie. Les chiens qui l'entourent sont les médisants irrités et pleins de rancune, et le lion est ce jaloux bruyant qui nous a causé de l'effroi.

Pour finir ce chapitre, un mot sur la poésie lyrique d'oïl. Elle est moins développée que celle du Midi au moment où Guillaume de Lorris entreprend son œuvre, et elle présente peu d'originalité par rapport à la lyrique occitane. Cependant J.-Ch. Payen souligne à juste titre que les trouvères exagèrent la distance qui séparait déjà la Dame de l'amant chez les troubadours : chez eux, l'aveu d'amour lui-même est présenté

comme une audace excessive, un "outrage", le poète affectant une sou-
mission peu naturelle qui semble bien, au fond, compenser ou cacher la
plus grande sujétion où se trouvait la femme dans les régions du Nord.
En somme, l'atmosphère de liberté et d'égalité, qui donnait au *joy* sa
valeur "civilisatrice" d'après Ch. Camproux, est déjà bien déformée dans
la lyrique d'oïl. Le "jeu" commence à se scléroser et à perdre de sa
créativité esthétique et morale. Cet intermédiaire pourrait expliquer en
partie la minceur spirituelle de Guillaume de Lorris et la nouvelle orientation prise par l'idéologie de l'amour chez Jean de Meun, qui a pu
souffrir de voir la poésie amoureuse "sonner le creux", et aurait fait
appel à la philosophie pour remplir ce demi-vide.

CHAPITRE 2

LE «ROMAN DE LA ROSE» DANS LA TRADITION ALLEGORIQUE

A. L'ALLEGORIE ANTIQUE.

La mise en scène de personnages portant le nom d'une abstraction est assez fréquente dans la littérature païenne, dès les origines, mais ces personnages sont généralement plus ou moins liés au Panthéon religieux grec ou romain ; il est souvent difficile ou artificiel de distinguer entre "divinités" et "personnages allégoriques". Dès l'œuvre d'Hésiode, cependant, on voit apparaître dans la généalogie des dieux des valeurs morales qui ne semblent pas avoir fait l'objet d'un culte. D'après lui, à l'origine, Chaos a engendré Erèbe et Nuit, qui a enfanté Ether et Lumière du Jour ; à côté d'eux apparaissent Terre et Amour *(Eros),* "le plus beau parmi les dieux immortels, celui qui brise les membres, et qui, dans la poitrine de tout dieu comme de tout homme, dompte le cœur et le sage vouloir" *(Théogonie,* vers 120-122). Il y avait, à Thespies, un culte très ancien d'Eros représenté sous la forme d'une pierre brute ; dans la théologie orphique, sans doute antérieure à Hésiode, la Nuit pond un œuf d'où sort l'Amour, tandis que sa coquille forme la Terre et le Ciel. Ce personnage d'Eros est traditionnel ensuite dans toute la littérature antique, mais il est assez bien intégré au système des divinités ; notons qu'en latin il s'appelle *Cupido* ("le Désir") et non *Amor.* Dans la suite du poème d'Hésiode, on voit Zeus épouser Prudence *(Mêtis),* puis Equité *(Thémis),* mère des heures, de Discipline, de Justice et Paix ; c'est ensuite seulement que Zeus épouse Maïa qui lui donne Hermès, et qu'on arrive au Panthéon classique. Chez Hésiode, il n'y a pas de distinction entre noms propres et noms abstraits, entre personnes divines ayant réellement leur temple (comme Thémis) et valeurs morales simplement respectées ; Ronsard retrouvera bien l'esprit de cette poésie quand il consacrera des Hymnes à la Justice, à la Mort, à la Philosophie, sur le modèle des Hymnes homériques à Apollon, à Hermès ou à Déméter, ou de ceux de Callimaque ; Marulle, peu avant Ronsard, le fait également.

Dans les pièces d'Aristophane, on voyait sur la scène Guerre et Paix, et, dans *Ploutos,* Richesse et Pauvreté qui débattaient de leurs avantages respectifs : cet "agôn" où le parti-pris de l'auteur est peu visible annonce déjà le *Streitgedicht* du Moyen Age et le "grand débat" de Jean de Meun, qui, de la même façon, fait présenter indépendemment leurs points de vue divergents par des abstractions. N'oublions pas, cependant, que cette littérature grecque est inconnue de nos auteurs du Moyen Age.

Mais les Romains avaient encore plus de goût que les Grecs pour les divinités abstraites : il y avait à Rome des temples dédiés à Fortune,

Paix, Jeunesse, Fécondité, *Pudicitia, Quies, Pallor, Pavor.* Ce genre de
personnage est donc fréquent chez les poètes latins ; celui de *Fama,* "la
Renommée" portant au loin les nouvelles, est un lieu commun dont ils
abusent ; d'autres apparaissent chaque fois qu'est développé le thème de
la description des Enfers, le modèle étant un passage de Virgile (*Enéide,*
VI, 273 sqq.) :

"Devant le vestibule, le Deuil et les Remords vengeurs (*Luctus, Curiœ*)
ont fait leur lit ; les pâles maladies y habitent, et la triste Vieillesse, et
la Peur, et la Faim mauvaise conseillère, et la hideuse Pauvreté (*Eges-
tas),* apparitions terribles, et la Mort, et la Souffrance, et le Sommeil frère de la Mort, et les Joies coupables de l'âme (*mala mentis gaudia),* et
sur le seuil, en face, la Guerre tueuse d'hommes, et les couches de fer
des Euménides, et la Discorde en délire avec sa chevelure de vipères
nouée de bandelettes sanglantes".

Enée sort son épée devant ces fantômes, mais ce ne sont que des om-
bres : Virgile semble répugner à réifier des abstractions ailleurs que dans
ce royaume de fantômes indécis... Toute cette série d'abstractions correspond à une catégorie comprenant à la fois les passions mauvaises et les
douleurs naturelles qui en sont la conséquence, liaison que Guillaume de
Lorris paraît retrouver au-delà des nomenclatures théologiques limitées
aux "Vices". Il est probable, en effet que Guillaume de Lorris et Jean de
Meun connaissaient ce passage, et sans doute aussi les passages sem-
blables de Silius Italicus, de Stace et de Claudien (chez qui apparaissent
Envie, Crime, etc.). Mais Virgile, comme ses successeurs, n'emploie guère un procédé semblable à propos de l'amour (on voit cependant Didon
amoureuse interpeller *Pudor* pour lui dire qu'elle ne la violera pas).

Stace a été presque aussi prisé que Virgile au Moyen Age (et, comme il
a vécu dans la seconde moitié du premier siècle, Dante a même pu l'ima-
giner converti au Christianisme, et faire de lui son second guide au Pur-
gatoire). Sa *Thébaïde* est la source du *Roman de Thèbes,* et son *Achil-
léide,* inachevée, figure presque toujours dans le *Liber Catonianus* à
l'usage des écoles, les deux chants conservés représentant l'enfance
d'Achille. Stace aime bien mettre en scène des abstractions, comme *Virtus, Fides, Pietas* et même *Decor* (la Beauté), qui apparait déjà chez Ti-
bulle. Mais, comme pour Virgile, on peut se demander dans quelle mesure
il n'a pas une sorte de croyance religieuse en la réalité substantielle de
ces personnages. En tout cas, chez lui, il n'y a pas de marge bien nette
entre les dieux du Panthéon traditionnel et les abstractions personnifiées.
Mars n'est chez lui que "Guerre": il ne joue pas d'autre rôle que de provoquer la guerre, contrairement à ce qui se passe chez Homère et Virgile ;
il n'existe même pas en temps de paix. A Mars et aux Furies s'opposent
Virtus, Pietas, Natura, Clementia, qui sont traitées comme de véritables
divinités auxquelles croirait l'auteur ; Thésée appelle la Nature *dux,* c'est
le chef de son camp ; et pourtant Stace précise bien, à propos de *Clementia,* qu'elle "habite dans le cœur humain" (*Théb.* XII, 494 : "mentes habi-
tare et pectora gaudet"). On est donc, chez lui, bien près d'une véritable
"psychomachie", par exemple au chant X de la *Thébaïde,* où *Pietas* lutte
contre les Furies.

Chez Claudien, le dernier grand poète païen (fin du IVe siècle), chantre
de l'empereur Honorius et de son général Stilichon, auteur très estimé
aussi au Moyen Age, la mythologie devient tout à fait artificielle. Son
Enlèvement de Proserpine figure dans le *Liber Catonianus ;* Guillaume de
Lorris et Jean de Meun l'avaient donc certainement lu, mais il n'a pu les
inspirer que d'assez loin : Pluton vient chercher celle qu'il aime dans un

parterre de fleurs, comme l'amant de la *Rose,* mais il l'enlève brutalement, au lieu de la séduire méthodiquement. Guillaume de Lorris a pu
s'inspirer plutôt de la description du jardin de Vénus dans les *Noces
d'Honorius et de Marie* (vers 49 sqq), épithalame du même Claudien, dans
lequel on voit tout un groupe d'abstractions personnifiées en liaison avec
l'amour : la Licence, le Dépit, les Veilles, les Larmes, la Pâleur, l'Audace, les Alarmes, la Volupté, les Parjures, le Plaisir, "et la pétulante
Jeunesse, qui, dans son arrogance, repousse Vieillesse de ces bosquets".
On peut noter aussi une ébauche de "psychomachie" dans le *Panégyrique
de Stilichon,* II, v. 100 sqq : Claudien représente les Vertus divinisées,
Justice, Patience, Tempérance, Prudence, Constance, qui parlent dans le
cœur du général et qui en chassent Cupidité et Ambition : on ne devient
un homme de valeur qu'en surmontant un conflit, ce principe du récit allégorique apparaît ici et nous le retrouvons chez les auteurs chrétiens.

Mais il faut signaler une dernière œuvre païenne qui a eu un énorme
succès au Moyen Age, les *Noces de Mercure et de la Philologie* de Martianus Capella. Cet ouvrage n'a rien à voir, malgré son titre nuptial, avec
l'histoire de séduction qu'a voulu raconter Guillaume de Lorris ; mais il
est fondé tout entier sur la mise en scène de personnifications, comme le
Roman de la Rose, et son aspect didactique et même scolaire a probablement servi de modèle à Jean de Meun. On y voit Philologie, parée par sa
mère *Phronesis* (la Sagesse), monter au ciel, portée par *Labor* et *Amor,*
et recevoir comme cadeau de noces les sept "arts libéraux" personnifiés :
ces sept arts (Grammaire, Rhétorique, Dialectique, Arithmétique, Géomé-
trie, Astronomie et Musique) ont constitué pendant tout le Moyen Age le
schéma théorique de l'enseignement ; chez Martianus Capella, chacun
d'eux expose lui-même ce qu'il représente, ce qui fait de l'ouvrage un
manuel de base pour les écoles médiévales, au moins jusqu'au XIIe siècle.

L'évolution de l'allégorie païenne, d'Hésiode à Martianus Capella, nous
amène tout près de l'allégorie chrétienne, puisque la référence à des cul-
tes y a fait place peu à peu au pur enseignement philosophique. Dans la
tradition judéo-chrétienne, il y a évidemment séparation radicale entre le
Dieu unique, personnel et substantiel, et les valeurs abstraites qui ne
prennent la parole que par figure littéraire. Cette figure se trouve déjà
dans la Bible (Psaumes et surtout livres sapientaux) : ainsi la Sagesse,
dans le chapitre 8 des *Proverbes,* tient un discours "sur les hauteurs et
dans les carrefours" ; elle est appelée successivement, par la Vulgate,
Sapientia et *Prudentia.* Au chapitre suivant, on la voit bâtir un palais et y
inviter les "insipientes", c'est-à-dire qu'elle les invite à quitter leur
ignorance ; la fin du chapitre, dans le texte hébreu, représente l'invitation
parallèle de la Folie, mais la Vulgate parle seulement d'une "mulier stulta
et clamosa", sans allégorie. Ailleurs, on trouve des formules comme :
"Justitia et Pax osculatae sunt " (Psaume 85/84, 11). Dans la Littérature
patristique, la personnification des vices et des vertus est assez fréquente (dès le *Pasteur* d'Hermas, ouvrage grec du IIe siècle).

L'évolution du polythéisme vers le monothéisme amenait l'Antiquité à
l'allégorie (cf. Lewis, *The allegory of love,* p. 55-56) : déjà les Stoïciens
interprétaient les "dieux" comme des manifestations du pouvoir divin à
travers les terres (Cérès), les mers (Neptune), etc. En même temps évo-
luait la conception de la vie morale, conçue maintenant comme un effort
pour résoudre un conflit, ce qu'on ne voyait pas du tout dans l'*Ethique*
d'Aristote. Cette vie morale apparaît comme *bellum intestinum,* ce qui ne
peut se formuler qu'avec des métaphores qui sont des allégories en réduction – c'est ce que fera encore la psychanalyse moderne (notons cepen-

dant que certains psychologues, tout récemment, ont essayé de donner
une base matérialiste aux aspects conflictuels de la vie morale : ainsi
A.T.W. Simeons, pour qui la conduite du corps humain s'explique par la
double action du cortex et du mésencéphale, mais la minceur des données
expérimentales et les nécessités de l'exposé de vulgarisation amènent le
savant anglais dans son ouvrage, dont la traduction française a un titre
trompeur, *La psychosomatique, médecine de demain,* à personnifier les
deux parties du cerveau comme on le faisait jadis pour les "puissances
de l'âme"). Chez Sénèque, les images de la "guerre intérieure" contre les
vices sont fréquentes, on les retrouve chez le chrétien Tertullien, où Patience elle-même est représentée en conflit avec le diable, et qui person-
nifie souvent les vices (Idolâtrie, Homicide, Adultère, Cynisme, Perfidie,
Cruauté) et les vertus (Pénitence, Monogamie, Continence, Pudeur, Chasteté, Foi, Pitié). Chez Saint Augustin, bien qu'il n'y ait pas de personnifications de ce type, le thème du *bellum intestinum* domine les *Confes-
sions* (ce thème platonicien se retrouve chez Scot Erigène).

Le développement systématique de ce thème dans l'esprit chrétien au
moyen de ce que nous appelons "allégories" a été réalisé dans la *Psycho-
machia* ("combat dans l'âme") de Prudence (né en Espagne en 348, mort
vers 410) : cette œuvre a eu un énorme succès au Moyen Age, comme en
attestent de nombreuses représentations figurées (cf. les ouvrages de J.
Houlet et de Katzenellenbogen), bien qu'aujourd'hui elle nous paraisse
très médiocre. La lutte des Vices et des Vertus y est présentée comme
une grande bataille, où se remarquent particulièrement quelques combats
singuliers (comme dans l'épopée, d'où peut-être le succès de l'ouvrage au
temps des chansons de geste) : celui de la Foi contre l'Idôlatrie (*Veterum
Cultura Deorum*) ; celui de la Chasteté contre la *Libido ;* celui de la Patience contre la Colère, qui finit par se tuer elle-même ; celui de l'Humilité contre la *Superbia ;* celui de la Sobriété contre la *Luxuria,* qui est
bien près d'obtenir la reddition des Vertus ; celui de la Charité contre
l'*Avaritia ;* celui de la Concorde contre la Discorde, qui arrive déguisée,
tente de tuer son adversaire par traîtrise, et avoue avant de mourir son
surnom d'Hérésie. On est donc à la limite de l'apologétique (cf. l'Idola-
trie, l'Hérésie) et de la morale : elle se confondaient encore dans la prédication chrétienne de cette époque. La bataille symbolise un épisode
donné de l'histoire humaine (celle de la société ou de l'individu), la conversion de l'humanité à l'idéal chrétien.

Mais elle est conçue d'une façon beaucoup trop *rigide.* La métaphore de
la bataille où les Vertus sont victorieuses étant admise, Prudence est
obligé de leur prêter une certaine cruauté vis-à-vis de leurs adversaires :
c'est un peu choquant quand il s'agit, par exemple, de l'Humilité ou de la
Charité. Et surtout, il propose un classement simpliste des notions qui
est utile du point de vue parénétique, mais désastreux du point de vue
psychologique et sémantique : l'opposition du bien et du mal est traduite
par celle de deux armées face à face, ce qui ne correspond pas à
la complexité des problèmes réels (on tue *Hérésie :* mais il n'était
pas toujours facile de savoir qui était "Hérésie" au Ve siècle - ni
au XIIe !) ; cette opposition est même systématisée en une correspondance terme à terme des deux ensembles, si bien que l'antonymie bi-
naire est matérialisée sous la forme du combat singulier. A l'intérieur de
chacun des deux ensembles, celui du Bien et celui du Mal, les relations
entre les notions ne sont pas analysées. Chacune est prise isolément,
dans sa définition linguistique : ainsi la Colère se tue elle-même, en face
de la Patience qui se défend passivement : une opposition aussi rigoureuse

peut offrir un modèle de conduite, mais il est contredit par l'attitude des autres Vertus qui se défendent avec violence, et, de plus, cette opposition ne correspond qu'à l'attitude constatée de l'extérieur chez l'homme étiqueté "coléreux" et chez l'homme étiqueté "patient", elle ne correspond pas, comme il le faudrait d'après le but de l'ouvrage, à la situation psychologique réelle de l'homme partagé entre le tentation de la colère et l'idéal de la patience, ni même, au fond, au conflit inter-individuel entre la patience d'un saint et la colère d'un persécuteur. On en est resté aux grandes lignes de la doctrine morale, on n'est jamais dans une situation concrète et précise. Le catalogue des personnifications correspond plutôt à un classement d'ensemble des valeurs qu'à une analyse des problèmes réels, à un "miroir" comme on l'entendra au Moyen Age. Il faudrait examiner dans quelle mesure, de ce point de vue, le *Roman de la Rose* est en progrès sur la *Psychomachie*.

Si l'on passe au détail des personnifications, les rapprochements entre les deux œuvres pourraient porter d'abord sur la place accordée au domaine de l'amour. Prudence distingue très curieusement deux vices, la *Libido* que combat la Chasteté, et la *Luxuria* que combat la Sobriété. La première est qualifiée au passage de *Sodomita,* mais il ne semble pas que cela signifie qu'elle ne désigne que les vices contre nature (bien que les lecteurs·médiévaux aient pu comprendre ainsi, étant habitués à appeler *sodomie* l'homosexualité); *sodomita libido* doit signifier simplement "le désir sexuel qui perdit Sodome". Il s'agit apparemment de l'érotisme purement physique, celui qui est, comme on l'a souvent remarqué, le seul plaisir sensuel des pauvres. Mais *Amor* ne figure pas dans la suite de *Libido,* il figure dans celle de *Luxuria,* avec *Jocus* et *Petulantia; Luxuria* doit représenter la "dolce vita", la débauche de tous les sens qui implique la richesse (ou au moins la vie parasitaire), le personnage d'*Amor* évoquant sans doute les courtisanes ou les femmes entretenues. C'est un personnage secondaire, c'est-à-dire que l'amour-passion n'apparaît comme un danger sérieux qu'au sein de la *luxuria,* de la vie de luxe où il n'est qu'un élément à côté de la gourmandise et des jeux ; Prudence, qui le condamne, ne le prend pas plus au sérieux qu'Ovide, qui le pratiquait.

On est peut-être plus près du *Roman de la Rose* avec deux vices dont la tactique, comme le remarque M.R. Jung (*Etudes sur le poème allégorique,* p. 28-30) semble préfigurer Faux-Semblant. *Avaritia* (c'est-à-dire en principe "la Cupidité", mais son opposition avec *Caritas* l'oriente vers le sens moderne "d'avarice") se déguise en *Frugi,* "l'Econome", pour mieux séduire ceux qu'elle veut tenter, parmi lesquels figurent même les prêtres chrétiens ; et cela après un discours où elle se vante de ses succès. Un peu plus loin, la Discorde s'insinue dans l'armée des Vertus sous une apparence trompeuse ; elle aussi se dévoile, ensuite, dans un discours où elle se dit "surnommée Hérésie". Nous retrouverons, à propos de Faux-Semblant, ce lien entre la notion d'hérésie et celle de duplicité.

A côté de ces abstractions personnifiées, la rhétorique de l'Antiquité tardive lègue au Moyen Age un certain emploi purement littéraire de la mythologie, donnant un rôle à Vénus et à Cupidon dans des "épithalames", poésies de commande écrites par un clerc (parfois évêque !) pour le mariage d'un roi ou d'un grand : ainsi, chez Ennodius (vers 500) on voit ces deux divinités chercher (légitimement) à rétablir leur empire dans un monde qui les oublie : "Discant populi tunc crescere divam / cum neglecta jacet" (I, IV, 84, cité par Lewis p. 78) ; un peu plus tard Fortunat représente Cupidon et son arc dans l'épithalame de Brunehilde.

Cette mythologie rhétorique, bien loin d'être la conservation artifi-

cielle de notions formelles ayant perdu toute valeur, prend une valeur
nouvelle avec la disparition des croyances païennes : comme dit Lewis,
"les dieux ont besoin d'être désinfectés de la croyance en eux" pour
enrichir vraiment la littérature ; Lewis insiste sur la valeur esthétique à
laquelle le merveilleux ne peut atteindre que "s'il se connait lui-même
comme mythe" ; mais il faudrait insister aussi sur sa valeur anthropolo-
gique : les notions mythologiques doivent perdre leur incarnation concrète pour servir à l'analyse des relations humaines et de l'âme humaine ;
pour que Cupidon représente vraiment l'Amour, il faut qu'en parlant de
lui on puisse le représenter librement tel que l'on conçoit l'Amour, ne
plus être contraint par lui comme par un être réel ; il faut qu'on ne croie
plus qu'il existe, avec sa personnalité qui faisait peur ou qui faisait rire,
avec ses pouvoirs qu'on devait se gagner par des rites.

Mais cette utilisation nouvelle, où la mythologie rejoint la personnification, a été longue à se développer. Le Haut Moyen Age n'utilise que
sporadiquement les deux procédés, dans des poésies brèves et superficielles. Ce sont les philosophes du XIIe siècle qui ont redonné vie à
"l'allégorie".

B. LES POEMES PHILOSOPHIQUES DU XIIe SIECLE.

La mode de l'abstraction personnifiée commence vers 1150 avec le
De Universitate Mundi ou *Cosmographia* de Bernard Silvestre, auteur in-
justement oublié (ce grand poète et philosophe tourangeau n'a même pas
une rue dans sa ville natale !). Ce *prosimetrum* (ouvrage en prose et en
vers alternés) a largement contribué à répandre l'idée de l'homme "microcosme" (qui remonte à Aristote, mais le terme opposé *macrocosme* ne date que du XIIe s.). Bernard semble avoir voulu y expliquer la Création du
monde et de l'homme sur le modèle de la cosmogonie platonicienne, celle
du *Timée* et de ses commentaires, ouvrages qui passionnaient les philosophes de l'époque. Les artisans de cette création sont des allégories
portant des noms latins ou grecs. Les deux principaux sont *Noys* (la pensée divine) et *Natura*. On assiste successivement à un tableau prophéti-
que de l'histoire humaine (tout au moins de l'histoire ancienne) et à une
description du monde : cercles des anges et des constellations, montagnes de la Terre habitées par les poètes antiques, animaux, fleuves,
arbres, plantes médicinales... Une fois créé ce "mégacosme", la Nature
veut couronner son œuvre par le "microcosme", l'homme : elle va voir
le Bien suprême *(Tugaton,* grec *to agathon)* à la limite du monde, descend
de planète en planète, rejoint Vénus et Cupidon dans les Champs-Elysées,
puis *Physis* (l'ouvrière régissant la structure de la matière, subordonnée
à *Natura,* principe fécondant) et ses filles, Théorie et Pratique, dans le
magnifique jardin de Granusion, que Bernard décrit. Physis et Natura
façonnent l'homme, humain et divin à la fois, destiné à monter dans l'éther
après sa mort, et fait sur le modèle de l'Univers ; sa description s'achève sur un éloge des organes génitaux masculins, dont l'usage "est commode et agréable, aussi souvent et de quelque façon qu'il se produise",
parce qu'ils combattent la mort et restaurent la Nature, empêchant le retour au chaos initial.

Etienne Gilson et d'autres ont montré qu'on ne pouvait pas trouver
d'hérésies proprement dites dans cet ouvrage, qui, du reste, n'a jamais
été condamné (sans cela, Bernard aurait sans doute son boulevard à
Tours, comme Béranger...). Mais il est de fait que son *esprit* est presque

aussi païen que chrétien. Non seulement il ne cite guère que des personnages de la mythologie et de l'histoire ancienne, mais il s'inspire d'une
œuvre néoplatonicienne de l'Antiquité tardive, l'*Asclepius,* et il en tire
une sorte de "culte de la fécondité où se mélangent religion et sexualité",
comme dit E.R. Curtius (qui tend cependant à exagérer le paganisme de
Bernard : cf. *La littérature européenne et le Moyen Age latin,* p. 134-140).
Bien que le *De Universitate mundi* annonce la *Rose* par quelques détails
comme la description du jardin merveilleux, et par le principe d'une *narration* allégorique au bout de laquelle se découvre un homme pleinement formé, c'est cependant surtout l'évocation réaliste de l'amour et son intégration dans une philosophie naturaliste qui imposent le rapprochement avec
l'œuvre de Jean de Meun. C'est évidemment pour glorifier la Création divine que Bernard Silvestre voit le monde comme mû par un principe de fécondité, mais cela correspond à une revalorisation de l'amour sur le plan
de la nature, qui se retrouve de façon inconsciente chez Guillaume de
Lorris, et de façon explicite dans les discours de Nature et de Génius.

Jean de Meun a retrouvé, peut-être grâce à des traditions universitaires,
le naturalisme de Bernard de Tours par-delà Alain de Lille, qui est cependant l'intermédiaire probable entre le *De Universitate Mundi* et le *Roman
de la Rose* pour le détail de la description cosmologique. Deux œuvres
importantes d'Alain, écrites vers 1160-1180, sont de type "allégorique".
Son *De planctu Naturae,* œuvre de jeunesse, très rhétorique, est encore
un *prosimetrum* comme la *Consolatio Philosophiae* de Boèce (une des
œuvres les plus lues au Moyen Age, et que nous retrouverons au chap. 5),
et comprend aussi peu d'action ; comme l'ouvrage de Boèce est principalement fait de longs discours de Philosophie, celui d'Alain est principalement fait de longs discours de Nature. Celle-ci (longuement décrite) se
plaint que l'homme, fait à l'image du macrocosme, se révolte contre elle,
en particulier dans le domaine de l'amour. Alain distingue deux *Vénus,* la
bonne qui représente *l'amor* maintenant la cohésien du monde (vieille idée
néo-platonicienne ; il s'agit, en somme, du "mariage sprirituel entre la
chair et l'esprit") et la mauvaise qui est la concupiscence, et qui a trahi
son époux Hyménée (père de *Cupido,* l'appétit raisonnable) pour vivre en
adultère avec *Antigamus* (c'est-à-dire à peu près "faux mariage"), de qui
elle a pour fils *Jocus,* l'amour dégénéré (est-ce le *joy* des troubadours ?
Alain a voyagé dans le Midi et lutté contre les Cathares...). A la fin
apparaissent quelques allégories secondaires (Hyménée, Chasteté, Tempérance, Largesse, Humilité) et l'on voit *Genius* (qui figurait déjà chez
Bernard Silvestre) dessiner les images des personnages exemplaires de
l'Antiquité (Hélène représente la beauté, Turnus la richesse, Ulysse la
ruse, Aristote la philosophie...) et d'autres qu'il condamne comme représentant les vices ou l'incompétence (Paris, Ennius). L'ensemble du
poème serait dirigé contre un prélat homosexuel : la "sodomie" est particulièrement fustigée. Mais Alain ne se fait pas l'apologiste de l'amour
naturel, car il flétrit aussi l'adultère ; il est plutôt l'apologiste de la Raison. Jean de Meun lui doit évidemment le personnage de Génius, et beaucoup d'idées. Du point de vue purement littéraire, on lira avec intérêt les
remarques de M.R. Jung (p. 68-71) sur la technique de présentation des
allégories, qui pose ici les mêmes problèmes que dans le *Roman de la
Rose :* l'auteur nomme-t-il tout de suite le personnage, ou laisse-t-il de-
viner de qui il s'agit par un portrait-énigme ? Précise-t-il tout de suite
des détails qui ne devraient pas se voir, par exemple sur les habitudes
du personnage ? Celui-ci est-il caractérisé directement par son aspect,
ou indirectement par les broderies de son vêtement qui forment une sorte

de notice explicative ? Il faut se poser toutes ces questions pour chaque nouveau personnage qui apparaît dans le *Roman de la Rose*.

L'*Anticlaudianus*, écrit bien après le *De planctu Naturae*, est une œuvre plus personnelle d'Alain de Lille, mais plus éloignée des problèmes de l'amour. Il s'agit, d'après le titre, de faire le portrait de l'homme idéal, en contrepartie de celui de l'homme diabolique présenté par Claudien dans son *Contra Rufinum*. Alain déclare récuser les lecteurs qui n'aiment que les rêves de l'imagination et les fables poétiques, mais c'est à travers une forme épique qu'il cherche à faire accéder les bons lecteurs aux idées célestes. Le sujet développé est le projet formé par Nature de créer un homme parfait. Elle convoque donc les Vertus pour s'assurer leur collaboration : *Concordia, Copia, Favor, Juventus, Risus, Pudor, Modestia, Ratio, Honestas, Decus, Prudentia, Pietas, Fides, Nobilitas*. Sur les murs de sa demeure, des fresques évoquent la philosophie et l'astronomie. Débat des Vertus sur la difficulté de l'entreprise : il faudra l'aide de Dieu. *Prudentia* va donc aller trouver Dieu, dans un char arrangé par les sept arts libéraux personnifiés, et tiré par les cinq sens dirigés par Raison. Description des sphères célestes. Plus haut, *Prudentia* est secourue par la *poli regina*, la "reine des cieux" que les gloses des manuscrits interprèteront comme la *Noys* de Bernard Sylvestre ou comme la Théologie. Elle voit les séjours des bienheureux, et doit être secourue par la Foi devant l'insoutenable lumière divine : la Foi lui donne un miroir pour la contempler sans dommage. Dieu pétrit sur le modèle de sa *Noys* l'âme humaine, et la confie à *Prudentia ;* Nature confectionne le corps, Concorde l'unit à l'âme (le corps est comparé à Narcisse et Adonis). Les Vices tentent de détruire le *Juvenis* ainsi formé ; les Vertus les combattent : Discordre, Pauvreté, Infamie, Vieillesse, Vénus, Excès, Fraude, Avarice sont vaincues. Ainsi, avec Juvenis, l'amour règne, l'âge d'or revient.

Dans cette œuvre, il n'y a plus de philosophie de la sexualité comme dans le *De Universitate Mundi* et le *De planctu Naturae ;* à première vue, il s'agit d'une allégorie purement religieuse, et c'est ainsi que l'ont comprise les commentateurs du XIIe siècle. Mais M.R. Jung (p. 72-89) oppose à ces commentateurs, qui faisaient du *Juvenis* l'image du Christ, une interprétation plus "laïque" : Alain chercherait à donner à l'éthique courtoise une forme compatible avec la morale chrétienne (c'est-à-dire, essentiellement, avec la chasteté) et fondée essentiellement sur la culture intellectuelle. Le *Juvenis* d'Alain serait, en somme (si je comprends bien la pensée de M.R. Jung) une harmonieuse synthèse de "chevalerie" et de "clergie", et il répondrait au *Jovens* mis en vedette par les troubadours moralistes comme Marcabru. Cette interprétaion intéressante me paraît cependant privilégier à l'excès un des aspects de l'ouvrage. Alain lui-même prend soin, dans sa préface, de préciser que son poème a un sens littéral, un sens moral, et un sens allégorique, respectivement accessibles à trois niveaux différents de lecteurs. L'interprétation de M.R. Jung privilégie le "sens moral", mais tout le reste de la vie et de l'œuvre d'Alain nous incitent à croire que ce théologien sérieux donnait plus de valeur au "sens allégorique", c'est-à-dire proprement religieux. Les critiques de M.R. Jung contre une interprétation de ce type ne portent que sur celle qui fait de l'*Anticlaudianus* une figure de l'Incarnation et de la Rédemption, c'est-à-dire de la vie du Christ historique, mais elles ne portent pas contre une interprétation proprement *eschatologique*, ce qui est tout autre chose : la représentation des fins dernières de l'humanité. Rien ne me parait s'opposer à ce que le *Juvenis* soit l'humanité régénérée par la Rédemption, telle qu'elle apparaîtra pleinement à la fin du monde.

M.R. Jung prétend ne pas comprendre "pourquoi un Rédempteur aurait à combattre la pauvreté, l'infamie ou la vieillesse" et assure que la présence de ces personnages "ne s'explique que par le point de vue aristocratique que l'auteur semble adopter". Etrange objection ! Il est évident que, pour un chrétien, il n'y a place au Paradis ni pour la pauvreté, ni pour l'infamie, ni pour la vieillesse : c'est seulement en ce monde et provisoirement qu'elles sont bonnes comme moyens de sanctification. Du point de vue du but final de la Nature, vertus et bonheurs doivent aller ensemble. Mais cette idée n'était peut-être pas aussi accessible aux lecteurs du XIIe siècle que le moralisme simplet de la *Psychomachie,* où les malheurs ne se mêlaient pas aux vices. Comme le prévoyait Alain, un lecteur d'intelligence moyenne comme Guillaume de Lorris aura donc pu s'en tenir au "sens moral", qui devait être à peu près le sens "courtois" admis par M.R. Jung ; mais, sur ce plan, l'assimilation de Vieillesse et de Pauvreté aux vices n'était plus chrétienne, et leur classement parmi les "figures du mur" dans le *Roman de la Rose* (v. 339-404 et 439-460) nous place d'emblée dans une atmosphère purement laïque, fondée sur le système des valeurs "courtoises" dont l'aspect aristocratique et hédoniste était impossible à christianiser. Comme la distinction des différents plans dans le *De arte honeste amandi,* la distinction des différents sens dans l'*Anticlaudianus* a donc amené l'auteur à cautionner, sans doute, malgré lui, le système de valeurs purement laïque apparaissant dans le *Roman de la Rose.*

L'*Anticlaudianus* pourrait aussi nous retenir par le nombre particulièrement abondant de ses personnages allégoriques ; mais cette abondance tourne souvent à la simple énumération. Ainsi, dans le combat des Vices et des Vertus, que Prudence réduisait à peu près à une série de grands combats singuliers, Alain donne à chacun des grands vices son cortège de petits défauts : par exemple *Excessus* est suivi de *Fastus, Pena, Luxus, Gula* (la Gourmandise), *Crapula* (l'Ivrognerie), de *Carnis Stimulus* ("l'aiguillon de la chair") qui attaque par derrière, d'*Imprudentia,* de *Segnities* (la Mollesse), de *Ludus,* de *Damnum,* d'*Otia* (l'Oisiveté, qui sera vaincue par *Studium),* de *Stultitia* (la Bêtise), de *Nugae* (les Futilités). N'oublions pas que l'*Anticlaudianus* prétend être une œuvre épique : dans ces nomenclatures de quatre ou cinq vers, Alain suit le modèle des énumérations de guerriers qu'affectionne la Chanson de Geste. Mais, comme dans ces énumérations épiques, les guerriers ne sont généralement distingués que par leur nom : ils paraissent avoir tous à peu près le même rôle et les mêmes armes, et sont uniquement orientés vers la lutte. L'inventaire des "mesnies" entourant les princes dans la bataille fournit, en somme, une sorte de modèle à l'inventaire des champs sémantiques centrés autour de grandes idées morales (dans le cas d'*excessus,* il s'agit sans doute du champ sémantique du mot français *outrage,* important dans l'éthique courtoise) ; mais il s'agit d'un simple inventaire, non d'une véritable analyse : les relations internes entre les notions abstraites, la différence entre leurs rôles, ne sont pas envisagées. Chez Guillaume de Lorris, on aura l'esquisse d'une véritable analyse.

A côté de ces œuvres aux prétentions métaphysiques, d'autres utilisent la personnification pour des développements moraux et satiriques, et se rattachent plus ou moins au genre du sermon. Certains thèmes allégoriques apparaissent dans l'homélie latine, puis passent de là dans les "dits" en langue vulgaire : les vertus principales sont les "quatre filles de Dieu", les vices sont les "neuf filles du diable" que l'on marie aux différentes catégories de la société (Simonie épouse le Clergé, Hypocrisie

les moines, Rapine les chevaliers, Usure les bourgeois, Fraude les marchands, Sacrilège les vilains, Mensonge les ouvriers, Vanité les femmes,
et Luxure est à tout le monde : cet *exemplum* se rencontre avant Jean de
Meun, par exemple dans les sermons de Jacques de Vitry). D'une façon
générale, il s'agit surtout, dans ce type d'ouvrages, de personnification
des vices et des vertus ; notons cependant le personnage de la Mort, qui
apparaît en français vers 1200, dans les célèbres *Vers de la Mort* de
Hélinand ; mais ce n'est pas elle qui parle, c'est l'auteur qui s'adresse
à elle.

Quelques auteurs méritent une attention particulière. En latin, Jean de
Hanville (ou de Hauville) écrit son *Architrenius* en 1184 (et non en 1284
comme une faute d'impression le fait dire à M.R. Jung). Son héros, se la-
mentant de la décadence des mœurs, se met en route pour aller trouver
Nature et lui demander des remèdes à cette situation, mais il passe pour
cela dans des lieux correspondant aux principaux vices : le palais de
Vénus et de Cupidon (où Architrenius tombe amoureux d'une jolie fille),
le cabaret de Bacchus, les écoles de Paris où les étudiants sont malheureux près des riches arrogants et injustes., la montagne de l'Ambition peuplée de diverses allégories (le Souci, la Crainte, l'Hypocrisie "qui singe
les bonnes mœurs", etc.), la colline de la Présomption peuplée de personnages historiques et de clercs, et où Gauvain vient faire un exposé d'histoire arthurienne, l'île des philosophes où les penseurs de l'Antiquité
font de longs discours moraux, enfin le délicieux jardin où trône Nature
qui fait un long cours de cosmologie ; Architrenius lui demandant son aide,
elle lui conseille de se marier, pour respecter sa loi de fécondité sans
tomber dans les amours illicites, et elle lui donne une jeune épouse nommée Modération. L'ensemble est confus, mal organisé, la structure étant
sacrifiée aux traits de satire et aux artifices de style. Mais on est déjà
tout près de l'esprit de Jean de Meun.

En langue vulgaire, le succès de l'allégorie morale commence à l'époque même de Guillaume de Lorris. Le *Songe d'Enfer* de Raoul de Houdenc
date peut-être des environs de 1215. L'auteur y voyage en songe, reçu
tour à tour chez les différents vices (Envie, *Tolir*, Roberie, Honte...) à
qui il donne des nouvelles précises de leur succès en France, puis il
arrive en Enfer où il participe à un banquet où l'on mange des usuriers, des
putains, des "bougres", etc. Cet ouvrage est plein d'allusions satiriques
d'actualité et ne présente rien des analyses psychologiques et morales
du *Roman de la Rose*, mais il est possible que Guillaume de Lorris lui
ait emprunté le procédé du songe.

Les œuvres du Reclus de Molliens, qui s'appelait sans doute Barthé-
lémy, ont été écrites (en picard) problablement vers 1220-1230. La première, le *Roman de Carité*, a un prétexte allégorique : l'auteur est censé
chercher la retraite où est cachée Charité ; mais, en fait, le personnage
n'apparaît pour ainsi dire pas, et les abstractions personnifiées n'ont qu'un
rôle très épisodique. Elles ont plus de place dans le *Miserere*, mais M.R.
Jung a raison de penser que M. Jauss exagère les rapprochements entre
cet ouvrage et le *Roman de la Rose*. Le Reclus y utilise assez abondamment la personnification des vices (*Envie, Mesdit, Orgueil, Haine, Glou-
trenie, Covoitise, Delit Mondain, Luxure*) et celle des vertus : *Paour,
Dolour, Joie, Espérance,* respectivement portier, pannetier, bouteiller et
chambellan de l'homme (noter, dans ce passage, la coexistence de Dou-
leur, qui donne à l'homme le pain dur et bienfaisant de l'épreuve, et de
Joie, qui lui donne le vin généreux de la grâce). En fait, le Reclus est
plus à l'aise dans l'analyse symbolique des "signes" que dans la person-

nification (cf. mon article "Un prédicateur sémiologue" dans les *Mélanges Pierre Le Gentil*).

Le *Tournoiement Antéchrist* de Huon de Méry, étudié longuement dans l'ouvrage de M.R. Jung (p. 268-289), semble contemporain de Guillaume de Lorris ou même postérieur à lui (1236 ?). Il s'agit d'une nouvelle "Psychomachie" placée dans un cadre arthurien (l'auteur se réclame de Chrétien de Troyes et de Raoul de Houdenc). Outre ce cadre arthurien, l'œuvre a deux originalités : d'abord, elle est autobiographique, le combat représentant la "conversion" par laquelle l'auteur se fait moine ; d'autre part, les personnifications y sont mélangées avec des personnages ordinaires : à côté des Vertus figurent la Vierge, les anges et les héros arthuriens ; à côté des Vices, Belzébuth et les dieux de la mythologie païenne, que combat l'archange Raphaël. Huon de Méry est incapable de différencier ses personnages par des portraits concrets ; il les caractérise par leur blasons, mais les descriptions qu'il donne des écus sont de simples énumérations de termes abstraits artificiellement accolés à des termes d'héraldique : quand il nous dit qu'Hypocrisie a un "escuz de faus argent/ A une bende d'eresie / Floureté de mauvese vie", cela ne nous donne aucun moyen de reconnaître ce dangereux personnage. (Cp. *Rose* 12047-62.)

Plusieurs passages concernent l'amour, et paraissent se contredire. Dans la description des deux armées, Huon précise explicitement que celle des Vices comprend *Fornicacion,* mais non pas *Amour,* car celui-ci est fils de Courtoisie et n'est pas "vilain" ; et il décrit en effet *Amors* (avec un -s, suivant la tradition courtoise analysée par J. Frappier dans *Romania* en 1967) dans l'armée des Vertus, en précisant qu'il appartient à *la gent Jhesu Crit* dans la mesure où il est "fins et bons". On s'attendrait donc à voir ce personnage lutter contre les Vices au cours du combat. Or, pendant ce combat, on voit au contraire *li dieus d'Amors et la deesse / Cupido et Venus ensemble* venir au secours des Vices : une flèche lancée par Vénus contre Chasteté touche même l'auteur, qui s'évanouit et ne pourra revenir à lui que lorsqu'on inscrira sur son front le nom de *Diane* (M.R. Jung admet sans discussion que cette *Diane* est le personnage mythologique, utilisé par la magie. Il me semble que le passage serait plus clair si l'on supposait que c'est le nom d'une personne réelle, par exemple la femme qu'a aimée Huon de Méry). Puis vient un débat de casuistique amoureuse : la blessure vient de Vénus et atteint le cœur par les yeux ; qui est coupable, Vénus, les yeux, ou le cœur ? On décide que c'est le cœur. Malgré cette décision finale qui innocente Vénus, le rôle de celle-ci et de son fils dans le récit paraissent peu en accord avec les classifications qui le précèdent. M.R. Jung s'en tire en affirmant qu' "au début du XIIIe siècle, Cupidon et le dieu d'Amour sont deux personnages différents" : mais c'est bien arbitraire, et Huon de Méry les appelle tous deux *dieu d'Amours* (v. 1781 et 2542). En fait, notre auteur avait bien précisé que ce personnage n'est pas toujours du bon côté (v. 1815) : il tient à affirmer qu'en principe, l'amour doit être une vertu, mais que, dans son cas personnel, il l'avait fait tomber dans le péché. En somme, Huon est un de ceux (comme son maître Chrétien de Troyes, mais beaucoup plus explicitement) qui se sont posé le problème de l'accord entre morale chrétienne et doctrine courtoise. Guillaume de Lorris ne se posait aucunement ce problème. Jean de Meun l'abordera toujours de biais.

En tout cas, l'initiative d'avoir bâti un poème allégorique sur le modèle de l'allégorie chrétienne, mais en utilisant les personnifications courtoises, revient bien à Guillaume de Lorris.

C. LE PRINCIPE ALLEGORIQUE CHEZ GUILLAUME DE LORRIS.

Tout ce qui précède permet de déterminer ce que le *Roman de la Rose* doit aux différentes traditions et ce qu'il apporte de nouveau. Nous pouvons donc, en abordant nos auteurs, abandonner ce point de vue comparatif et "diachronique" et chercher directement le rôle de l'allégorie dans le "système" du *Roman de la Rose,* tel que Guillaume de Lorris l'a établi – en abordant ensuite, brièvement, les déformations qu'il subit chez Jean de Meun.

1. CE QU'EST L' "ALLEGORIE".

On a pu observer que j'ai toujours, jusqu'ici, réservé le mot *allégorie* aux personnifications de notions abstraites. En fait, ce n'est pas le sens du mot au Moyen Age. Il a une valeur beaucoup plus générale : il désigne tous les cas où un énoncé ou un discours propose à la fois un sens littéral et un sens figuré, bien distincts l'un de l'autre. A partir de ce sens général, le mot et ses dérivés se sont spécialisés dans deux directions différentes. D'abord, on parle – dès l'époque des Pères de l'Eglise – de "sens allégorique" dans l'exégèse des textes de l'Ancien Testament : il s'agit alors d'une interprétation pour laquelle les faits racontés dans ces textes préfigurent l'histoire du Christ et de l'Eglise ; chez Grégoire le Grand, ce "sens allégorique" s'oppose à la fois au "sens historique" ou "littéral" du texte et au "sens moral" par lequel le texte offre une leçon aux hommes pour leur conduite. Plus tard, on ajoute quelquefois un "sens anagogique" par lequel le texte préfigure les fins dernières de l'homme et la fin du monde. Mais on appelle quelquefois *allégorique* tout sens figuré s'opposant au sens littéral. A partir de l'exégèse biblique, le système des "interprétations allégoriques" ou "moralisées" s'est étendu à d'autres textes même païens, et à des animaux ou à des objets (cf. l'interprétation de la monture du chevalier dans mon *Français Médiéval,* p. 161).

Une autre spécialisation de sens est plus tardive, c'est celle qui désigne par *allégorie* les personnifications de notions abstraites. A première vue, cette spécialisation peut nous étonner, car il ne nous semble pas qu'il y ait, dans ce cas, opposition d'un sens propre et d'un sens figuré. C'est parce que nous sommes plus habitués que le grand public médiéval à aller rapidement au sens profond des textes. Dans une œuvre comme le *Roman de la Rose,* il y a bien opposition entre un sens littéral, dans lequel un jeune homme entre dans un verger et veut cueillir une rose, et un sens "allégorique" dans lequel il s'agit de la séduction d'une femme aimée. Et l'art du poète doit être, précisément, que le texte puisse s'interpréter entièrement dans le sens littéral, une légère transposition suffisant ensuite pour transférer cette interprétation au niveau du sens figuré : c'est ce que j'ai essayé de montrer par le commentaire de la première rencontre entre le héros et Bel Accueil (vers 2772-2797) dans mon manuel *Français Médiéval,* p. 171-177 (je consacre quatre pages au sens littéral et moins de deux pages au sens allégorique). Cet art est propre à Guillaume de Lorris ; et encore, même chez lui, on doit noter que le sens littéral est à peu près oublié dans le discours d'Amour, qui parle directement de la séduction d'une femme et non de la cueillette d'une rose.

Peut-on aller au-delà de "deux sens", jusqu'à trois ou quatre niveaux d'interprétation ? Ce ne serait pas très raisonnable pour le *Roman de la*

Rose. Nous avons vu qu'il y avait, de l'aveu même de l'auteur, "trois sens" dans l'*Anticlaudianus,* mais non quatre, le sens allégorique se confondant avec le sens anagogique. Dans la *Rose,* où il n'est pas question de sens anagogique, le sens allégorique se confond avec le sens moral : en effet, c'est parce que le songe est un modèle de conduite (sens moral) qu'il a préfiguré la réalité (vers 28-30), c'est-à-dire sans doute l'aventure amoureuse de Guillaume avec la dédicataire de l'œuvre (sens allégorique); on ne peut donc guère admettre qu'*un* sens second, celui où la conquête de la Rose représente celle de la femme aimée.

Le *Roman de la Rose* est donc "allégorique" au sens le plus large : on peut donner un sens symbolique à des choses comme le verger, le château de Jalousie, etc. (notons que la distinction romantique entre *symbole* et *allégorie* n'est pas valable pour le Moyen Age, comme l'avait bien vu Hegel). Mais il l'est surtout par ses personnages, qui ont l'aspect de personnages humains (sauf la Rose) et représentent des abstractions. C'est ce procédé qu'il faut approfondir.

2. LE ROLE DES PERSONNIFICATIONS ALLEGORIQUES.

Prenons le problème de loin. La *dénomination* des forces extérieures est un des procédés par lesquels l'homme recherche sa sécurité mentale : elle lui permet de *prévoir* ce qu'il va rencontrer en le *définissant.* La dénomination par un *nom propre* définit bien une force extérieure en extension, mais mal en compréhension : on sait exactement si l'on a affaire à Pierre ou à Paul, mais, comme on ne connaît jamais bien le caractère d'une personne, on ne sait pas bien ce que l'on peut attendre de Pierre ou de Paul. A l'opposé, la dénomination par un *nom commun* d'une force *morale* rassure par une bonne définition en compréhension, mais laisse de l'inquiétude par une mauvaise définition en extension : on sait ce que l'on peut attendre de la honte ou de la peur, mais on ne sait pas toujours si l'on est en présence de la honte plutôt que de la peur. A vrai dire, dans ces deux cas extrêmes, l'impression de sécurité recherchée tend à être complétée par des biais, surtout chez les peuples à culture orale : Claude Lévi-Strauss a montré, dans *la Pensée Sauvage,* que le nom propre lui-même était généralement plus ou moins un facteur de classement, c'est-à-dire de définition en compréhension, et le *surnom* l'est encore plus nettement ; à l'opposé, la dénomination d'une notion morale par un nom commun conserve souvent un relent d'animisme. Guillaume de Lorris utilise simultanément ces deux tendances, sous la forme d'une technique littéraire qui donne aux forces de chacune des deux séries un type de désignation proche de l'autre, ce qui leur prête les qualités qui leur manquent, et que l'autre série leur fournit. Un *surnom* comme *Ami* ou *La vieille* prête à des personnages de la vie réelle la caractérisation qui rassure en permettant de prévoir leur conduite. Une *personnification* comme *Honte* ou *Peur* prête aux notions morales la délimitation spatiale qui rassure en permettant de reconnaître à coup sûr leur présence ou leur absence. Lewis avait donc tort de reprocher à Guillaume le mélange des "personnages réels" comme *Ami* ou *La Vieille* avec les notions personnifiées : en fait, en les rapprochant mutuellement, Guillaume de Lorris rassemble les deux séries opposées (personnages réels et notions morales) en une même série centrale de "personnages allégoriques". Cette série centrale est, en somme, celle qui assure le sécurisation maximale, en découpant une situation de tension en une série de *forces* dont l'action sera reconnaissable et prévisible.

Notre esprit moderne aurait tendance à vouloir que ces forces soient classées en plusieurs groupes correspondant à des domaines qui nous paraissent clairement distincts : sentiments d'un des deux protagonistes, sentiments de l'autre, valeurs morales, personnages extérieurs, institutions sociales... Les commentateurs modernes du *Roman de la Rose* ont donc perdu leur temps à se demander si et quand Guillaume de Lorris plaçait ses personnages dans l'esprit du héros, dans celui de la femme aimée, dans une doctrine valable pour tous, etc. En réalité, il ne faisait pas ces distinctions, à cette époque où s'élaborait péniblement une nouvelle conception de la vie morale, comme nous le verrons au chapitre VII. Mais, si nous ne trouvons pas chez lui les distinctions claires des scolastiques, il y gagne en souplesse. La situation de tension qu'il choisit étant celle de l'amour, il n'en fait pas un conflit simple entre des institutions sociales et des sentiments individuels – comme dans certaines versions du *Tristan* – mais quelque chose de bien plus complexe et plus vrai.

Guillaume pose donc à la base un *sujet* (lui-même) et un *projet* (la séduction) en face desquels les forces extérieures ne vont pas se classer suivant leur nature, mais suivant leur *rôle* vis-à-vis du projet : la nomenclature d'A.-J. Greimas *(Sémantique Structurale,* p. 172-191), inspirée de Propp, permet de les classer sur cette base plus affective que rationnelle : il y a le *destinateur* qui inspire le projet, l'*objet* qu'il vise, les *adjuvants* qui l'aident et les *opposants* qui le contrarient. On se référera, pour le détail, à mon article de la *Revue d'Histoire littéraire de la France* (sept.-déc. 1970, aux pages 823-829). Rappelons simplement les grandes lignes : un premier groupe d'opposants est considéré comme exclu au départ, ce sont les figures immobiles peintes sur le mur extérieur du verger ; puis vient un groupe d'adjuvants, celui des danseurs, êtres vivants engagés dans une action commune, ce qui met en relief leur dynamisme et leurs relations mutuelles : il s'agit de valeurs qui se créent par la participation à un jeu. Guillaume rompt ainsi la symétrie maladroite des autres allégoristes entre adjuvants et opposants : l'axe d'opposition entre le bien et le mal devient chez lui un déséquilibre fondamental entre les forces qu'on aime, et avec l'aide desquelles on crée ses propres valeurs, et les forces que l'on n'aime pas, et qui restent un système extérieur et figé. Notons au passage que le groupe d'adjuvants, autour de *Déduit,* se présente comme une "mesnie" féodale, cadre typique de l'action "courtoise". Ensuite apparaît le dieu Amour, "destinateur" du projet, avec ses deux jeux de flèches qui analysent ses deux aspects opposés, providentiel et démoniaque. Entre temps, le projet, jusque-là vague et virtuel, s'est précisé par l'apparition de l'*objet,* sous la forme déconcertante d'une *chose* symbolique : n'étant pas par lui-même une force, cet objet (qui n'est pas exactement "la femme aimée", mais "son être physique en tant qu'objet de désir sexuel") n'a pas droit à la personnification ou au surnom ; tout ce qui, dans la femme aimée, est forces agissantes sera représenté à part, en tant qu'adjuvants et opposants.

La dernière partie (vers 2800 à 4000 environ) retourne donc à ces deux groupes, mais d'une façon doublement complexe. D'abord, au lieu d'être présentées en bloc, décrites comme des données primitives, les "allégories" apparaissent tour à tour, à leur heure, comme si on assistait à leur naissance, à leur création par un jeu d'oppositions et de progrès. D'autre part, elles tendent à se grouper sur des plans différents : attitudes de la femme *(Dangier, Bel Accueil,* notions extraites directement des locutions

verbales *faire dangier, faire bel accueil)*, sentiments et traits de caractère de la femme *(Courtoisie, Franchise, Pitié, Honte, Peur)*, forces extérieures à elle *(Vénus, Chasteté, Jalousie, Malebouche)*. Enfin certains
personnages ne se définissent pas exactement comme adjuvants ou opposants, mais par opposition à une catégorie "d'actants" : *Lecherie, Luxure* sont des anti-opposants ; *Raison* est l'anti-destinateur.

Pour un observateur superficiel, le jeu à l'air de se jouer sur le premier
plan, celui d'une oscillation assez simple et bien visible des attitudes de
la femme selon des sentiments. Mais, pour celui qui adhère à la doctrine
courtoise, à la quasi-religion de la courtoisie, les choses se passent sur
un plan plus profond. La "dame" n'est pas un être isolable des forces extérieures et de la hiérarchie de valeurs par rapport à laquelle on la situe.
Sa vérité n'est pas l'attitude instinctive de résistance *(Danger)*, mais
l'attitude de courtoisie de l'amabilité *(Bel accueil)*; et elle n'est pas seulement soumise aux forces internes de ses sentiments, mais aux forces
externes des puissances du monde. Ces puissances du monde, Vénus et
Jalousie, n'interviennent pas sous la forme discrètement persuasive où
interviennent les sentiments, mais avec une sorte d'autorité supérieure.
Sur ce plan, la simple phénoménologie fait donc place à une interprétation
transcendante où l'opposition entre description et jugement de valeur est
nécessairement dépassée.

Ce dépassement suppose que l'amoureux – et le lecteur auquel il sert
de modèle – cesse de subir en spectateur, et participe à l'action. S'il ne
participe pas, on est en plein artifice : le lecteur, pendant qu'il lit, est
à l'aise et rassuré par le découpage de la situation en forces clairement
distinguées, mais ne va-t-il pas être déconcerté quand il s'agira d'appliquer cet "art d'Amour" au magma indécomposable de la réalité ? Guillaume le prend par la main, en se mettant avec lui dans des situations où
l'abstraction rassurante n'empêche pas la complexité de l'expérience. Par
exemple, aux vers 2863 à 2903, il s'agit de représenter le retournement
d'attitude de la femme aimée lorsque l'amoureux veut passer du flirt aux
rapports sexuels. Si Guillaume de Lorris suivait platement son principe
d'analyse, on devrait voir Bel Accueil *disparaître* dès le vers 2890, et
Danger apparaître aussitôt. Mais il resterait alors pour le lecteur quelque
chose d'angoissant dans cette substitution inexpliquée. C'est pourquoi
le poète nous représente la réaction *"dangier"* d'abord *dans la bouche de
Bel Accueil*, pour bien nous aider à comprendre qu'il s'agit, dans la réalité, d'un changement d'attitude d'une même personne, entraîné par une
maladresse de l'amoureux. Certes, Danger va intervenir et éclipser Bel
Accueil. Mais son intervention est préparée. On n'assiste pas à une
substitution du personnage d'en face, absurde, d'origine numineuse et
subie par l'amoureux. Il s'agit d'un changement de *situation* que l'amoureux cause par lui-même en obligeant Bel Accueil à ne plus être Bel
Accueil. D'une relation quasi-magique entre un sujet et des forces étrangères, on passe à de véritables relations entre *personnes*. L'amoureux
entre dans le schéma des forces comme un élément actif, sa responsabilité se trouve engagée et l'on passe d'un modèle "allégorique" à un modèle moral.

Ce n'est qu'une *limite,* celle que franchiront plus tard le roman ou la
tragédie classiques. Prudemment, le *Roman de la Rose* reste généralement très en-deçà, pour habituer ses lecteurs à l'analyse abstraite : habitude que nous prenons aujourd'hui trop rapidement pour bien comprendre
combien elle a pu être jadis difficile à acquérir.

D. L'EMPLOI DE L'ALLEGORIE CHEZ JEAN DE MEUN.

Si Jean de Meun a continué le *Roman de la Rose,* c'est évidemment qu'il a été séduit par les grandes lignes de ce qu'avait esquissé Guillaume de Lorris, et en particulier par son emploi des personnifications. On peut donc admettre qu'en gros, il donne à ces personnifications la même nature et la même fonction.

Des différences apparaissent si on regarde de plus près : ces différences seraient délicates à analyser, et je ne ferai ici que suggérer quelques idées. Jean de Meun modifie assez peu la *nomenclature* des personnifications : il est normal que certaines "figures du mur" (Envie, Haine, Tristesse, Vilenie...) n'apparaissent plus chez lui, puisqu'elles sont exclues du verger ; il est peut-être plus significatif de ne plus trouver chez Jean de Meun les personnages ambigus et gênants de *Lecherie* et de *Luxure.* Les personnages qu'il ajoute appartiennent presque tous au camp des "adjuvants", dont il fait l'inventaire aux vers 10.419 sqq ; ceux qui jouent le rôle le plus actif sont deux couples : Faux-Semblant et Abstinence Contrainte, dont nous reparlerons ; *Hardement* et *Seürté,* inventés comme adversaires antonymiques de *Honte* et *Peor :* on peut regretter ce retour au vieux système des oppositions terme à terme, mais il faut reconnaitre que la présence de *Hardement* et *Seürté* donne à la femme, malgré le prétendu "antiféminisme" de Jean, un rôle plus actif et plus responsable.

Les personnages inventés par Guillaume ne sont pas toujours repris avec la même valeur. Le cas le plus frappant est celui de "Richesse", charmant mannequin aux vers 1017-1124, vilaine mégère au vers 10 021-10 242, et classée dans les opposants par la conclusion (21 732). Nature, à peine nommée chez Guillaume comme cliché de style dans des portraits, devient chez Jean un personnage capital. D'autres gauchissements sont moins nets et demanderaient une étude précise (pour *Raison,* voir l'article de P. Badel).

Mais il faudrait surtout examiner de près les différences dans la présentation et l'emploi des personnifications. Au colloque de Strasbourg de 1962, M. Jauss ayant dit que Jean de Meun "ne prenait plus au sérieux la forme allégorique" *(L'Humanisme médiéval,* p. 110), M. Koehler a protesté : "Je me demande si Jean de Meung n'a pas retrouvé la fonction exégétique de l'allégorie, c'est-à-dire l'exégèse du livre du monde. L'allégorie, chez Jean de Meung, est comprise dans un sens nominaliste : il part d'une conception nominaliste et proclame les droits de l'individu" ; M. Jauss a repris alors sa formule en la précisant : "Jean de Meung ne prend plus au sérieux *la forme poétique* de l'allégorie. Tout se comprend immédiatement chez lui, ce qui n'est pas le cas chez Guillaume de Lorris" *(ibid.* p. 145-146). Au fond, ce débat tournait autour d'un fait bien connu, l'intellectualisme scolaire de Jean de Meun. Le rôle affectif, "sécurisant", des allégories, telles que nous les avons analysées chez Guillaume, se déforme chez Jean en un rôle cognitif, explicatif. Chacune de ses personnifications lui sert à *expliquer* quelque chose, et nous laisse parfois indécis sur l'émotion qu'elle doit nous laisser (nous le verrons pour Faux-Semblant). Beaucoup de celles qu'il ajoute (Barat, Faim, Justice, Mort...) n'apparaissent que dans les paroles d'un des discoureurs, et ne jouent pas de rôle direct dans l'action. Les autres ne sont pas décrites comme des personnages humains, comme chez Guillaume : son portrait de Nature (v. 16 135-16 218) n'est qu'une longue hyperbole présentée par prétérition, alors que les vers 989-1276 offraient six portraits de femmes nettement différenciées par des détails précis et concrets.

Faut-il en conclure que les allégories de Jean de Meun sont froides et artificielles ? Deux remarques peuvent servir à engager la discussion. D'abord, S.G. Nichols a bien montré comment Jean de Meun prête aux personnages qu'il fait discourir une autonomie et une fausse objectivité qui les compromettent et placent le héros et surtout le lecteur devant leurs responsabilités, l'auteur restant à l'extérieur du débat, alors qu'Amour n'était guère qu'un fade porte-parole de Guillaume. D'autre part, si l'on examine les scènes d'action dans lesquelles les troupes d'Amour assurent peu à peu leur victoire sur Jalousie (vers 12 003-12 706, 14 689-15 104, 15 273-15 628, 20 665-21 315), il faut bien reconnaître qu'elles sont remarquablement construites, de façon claire et logique, sans disproportions choquantes, et avec beaucoup de sens de l'intérêt dramatique (il suffit de comparer avec Huon de Méry pour bien les apprécier). Peut-être M. Frappier pensait-il à de telles scènes, quand, au cours de la discussion déjà citée, il protestait que "Jean de Meung se sert de l'allégorie en artiste".

CHAPITRE 3

LE CADRE DE L'ŒUVRE

Pour replacer le *Roman de la Rose* dans les deux traditions qu'il réunit, nous avons dû pénétrer déjà dans l'esprit de l'œuvre. Cependant, il faut encore nous arrêter, après "l'amour" et "l'allégorie", à quelques autres termes-clés, presque tous mis en vedette par les auteurs eux-mêmes. D'après Guillaume de Lorris (v. 26-38), il s'agit d'un *roman*, il s'agit d'un *songe*, et il s'agit d'une *rose*; d'après Jean de Meun (v. 10621) il s'agit d'un *miroir* – et nous pourrons préciser : d'une *somme*. Arrêtons-nous brièvement sur ces quelques termes.

A. LE "ROMAN"

Etymologiquement, le mot *romanz* est un adverbe, venant du latin *romanice* et signifiant "en langue romane vulgaire". Le mot est passé ensuite à l'emploi nominal, avec la flexion correspondante (*romant* ou *roman* aux cas non-marqués), pour désigner une personne parlant une langue romane (par opposition aux germanophones), la langue romane vulgaire (par opposition au latin) ou une œuvre écrite en cette langue. Dans ce sens littéraire l'emploi du mot s'est tout de suite restreint aux œuvres non chantées, s'opposant à la *chanson* (lyrique ou de geste); mais il s'agit souvent d'une œuvre morale ou didactique : le *Roman des Ailes de Courtoisie* (interprétation allégorique), le *Roman des Romanz* (sermon en vers blâmant les vices des "Romanz", Français ou Anglo-Normands). Il est destiné à être lu à haute voix, à l'intérieur, et non psalmodié sur la place publique. Il s'adresse donc à un public aristocratique, et s'adapte à ses goûts; de plus en plus, l'emploi du mot va se restreindre aux œuvres d'imagination. M. Zumthor en a tenté naguère une définition : "Dès son apparition, vers 1150, il possède plusieurs caractères propres : il peint des aventures merveilleuses, souvent liées par le procédé de la *quête* et farcies d'intrigues amoureuses; il montre une forte tendance à expliquer les actions par leur ressort psychologique; la cohérence de l'œuvre est assurée par des procédés de composition numérale et thématique plus que par nécessité dramatique; la forme, très soignée, est d'une structure excluant absolument le chant" ; les idéaux du roman sont alors : "aristocratisme, analyse psychologique, merveilleux, utilisation de thèmes amoureux" *(Histoire littéraire de la France médiévale,* Paris 1954, § 289 et 367).

Un assez grand nombre de romans de ce type avaient été écrits entre le milieu du XIIe s. et l'époque de Guillaume de Lorris : ils forment déjà une véritable tradition littéraire à laquelle notre auteur entend se rattacher. Il sent bien, en effet, que le contact de l'auteur et du lecteur ne peut se faire que si, au départ, l'œuvre est classée (artificiellement au besoin) dans un "genre" déjà connu ; il faut toujours, surtout au Moyen Age, que l'œuvre évoque au public quelque chose d'antérieur. Or, l'idée de "songe", exprimée dans les premiers vers, n'évoquait à peu près rien pour le grand public. Comme dans la publicité moderne, après avoir cherché à ébouir un peu par des références savantes (Macrobe !) on remet le public en pays de connaissance. *Roman,* certes, signifie simplement "œuvre non chantée en langue vulgaire", mais fait penser tout de suite à l'*Enéas,* à Chrétien de Troyes, à Gautier d'Arras, à Thomas... Nous ne songerions pas, cependant, à classer le *Roman de la Rose* avec ces auteurs dans nos manuels d'histoire littéraire. Guillaume de Lorris trompet-il donc son public en annonçant un *roman ?*

Pas du tout, car il se réfère évidemment au cadre narratif de l'œuvre, à son "sens littéral". L'*Art d'amours* est seulement *enclose* à l'intérieur de cette gangue, il faut creuser pour l'y trouver. Du reste, comme nous l'avons vu, même du point de vue du "sens allégorique" le *Roman de la Rose* est une œuvre narrative : c'est une histoire de séduction. Par là, il se rattache même au type narratif particulier des *"romans courtois".* Ce type repose sur deux éléments essentiels : la *quête* et l'*aventure.* La quête, c'est la recherche d'une personne, d'un objet ou d'un lieu singulier, entreprise par le héros à travers mille difficultés ; c'est la base du type de contes populaires analysé par Propp, dont beaucoup de chercheurs tentent actuellement d'appliquer les méthodes au roman médiéval. Nous avons vu, à propos de l'allégorie chez Guillaume de Lorris, comment la nomenclature "d'actants" typique des récits de quête s'appliquait parfaitement au *Roman de la Rose.* Pour les lecteurs de l'époque, la quête de la Rose rejoignait facilement celle de Guenièvre ou celle du Graal.

L'*aventure* est quelque chose de moins facile à définir. M. Frappier l'a analysée à propos du *lai,* sorte de roman en réduction qui grossit les éléments essentiels du genre ("Remarques sur la structure du lai", dans le recueil *La littérature narrative d'imagination,* P.U.F. 1961, p. 22-37). Dans ce récit bref, il y a, dans un moment de crise, irruption d'un élément singulier qui permet l'accès à un autre monde, monde fantastique des fées ou simplement monde fermé de l'amour : un événement présenté de façon brute, énigmatique, et qui a pour cadre l'eau, la forêt ou le verger, fait passer d'un monde routinier à un monde qui parait clos, mais qui est ouvert à l'épanouissement de l'homme par l'abolition du temps quotidien. Dans le roman proprement dit, l'*aventure* peut être multiple, se décomposer en plusieurs paliers, mais elle permet toujours au chevalier de mieux réaliser ses virtualités, de manifester sa valeur. Ainsi, dans le *Roman de la Rose,* il y a une double "aventure" : l'accès au verger, accès au monde merveilleux de l'amour, et la scène de la fontaine de Narcisse, accès à l'amour lui-même. Et cette *aventure,* comme dans les romans de chevalerie, est l'occasion pour le héros de développer ses virtualités, de se former par l'amour, comme l'a bien montré Alan Gunn. L'aventure est un rite initiatique. Mais peut-être ce rôle initiatique est-il déjà présent dans le thème du songe.

B. LE "SONGE".

Le cadre du "songe" est fréquemment utilisé par les auteurs du Moyen Age (surtout, il est vrai, après Guillaume de Lorris) ; cependant, ce n'est généralement qu'une sorte de panneau indicateur signalant qu'on ne va pas être dans le monde de la vie courante, mais dans un autre monde qui s'y relie seulement par une interprétation. Guillaume, lui, insiste lourdement sur l'emploi qu'il fait du procédé, et le justifie par l'appel à "l'autorité" d'un auteur ancien. On peut se demander s'il y a là une allusion à quelque querelle contemporaine. La croyance en la divination par le songe était générale dans l'Antiquité tardive, même chez les chrétiens ; il semble que ce soit seulement vers le VIᵉ siècle qu'elle se soit affaiblie, sous l'influence du mouvement ascétique, méfiant vis-à-vis du sommeil (indications fournies par Mᵉˡˡᵉ Dulaey). Les "clés des songes" pullulent encore au Moyen Age, mais elles sont condamnées par l'Eglise, en particulier au XIIᵉ s. dans le *Décret* de Gratien : l'interprétation des rêves est légalement réservée aux théologiens, seuls capables de dire si un songe a une cause naturelle, ou s'il est envoyé par la Providence pour guider le dormeur, ou par le démon pour le tromper. Il est possible qu'il y ait eu, dans les milieux scolaires, une certaine résistance à ces décisions de l'Eglise, résistance appuyée sur l'autorité des Anciens.

Les Grecs avaient bien senti les difficultés auxquelles menait le contact entre des conceptions différentes du songe dans le bassin méditerranéen, et s'en tiraient en proposant des classifications distinguant plusieurs espèces de songes. La plus connue, celle d'Artémidore d'Ephèse, était accessible au Moyen Age par l'intermédiaire de deux auteurs baslatins, Macrobe et Chalcidius. Macrobe laissait un commentaire du *Songe de Scipion* par lequel Cicéron avait terminé son *De Republica* pour imiter le mythe d'Er terminant la *République* de Platon. Cicéron voulait, comme Platon, rattacher ses idées politiques à l'ordre cosmique, et il montre Scipion Emilien conduit en songe à travers les cieux par son grand-père Scipion l'Africain, qui lui explique la configuration des sphères célestes et l'harmonie de leurs mouvements. Ce texte et le commentaire de Macrobe ont eu un énorme succès au Moyen Age, et on voit que Guillaume de Lorris les confondait, ce qui prouve sans doute qu'il se réfère à des souvenirs d'école et n'a pas le texte sous les yeux. Ces souvenirs portent sur les trois premiers chapitres du commentaire, où Macrobe cherche à justifier contre les Epicuriens le procédé employé par Cicéron : Guillaume a bien vu comment cette discussion théorique pouvait servir à justifier l'emploi qu'il voulait faire du même procédé, mais il ne distingue pas bien entre la justification du *mythe,* procédé littéraire qui représente les idées philosophiques sous une forme romancée, et celle de l'interprétation des songes. Macrobe séparait mieux les deux problèmes. Au chapitre II, il classait les diverses espèces de *fabulae*, d'histoires imaginaires, et, par des disjonctions successives, il finissait par y distinguer *une* espèce acceptable pour la philosophie, espèce où il classait le *Songe de Scipion.* Notons que le *Roman de la Rose* pourrait très bien s'y classer aussi, après les exclusions prononcées par Macrobe : il n'est ni "purement distrayant" (il a une *senefiance),* ni "purement fictif" (il s'appuie sur une analyse psychologique), ni immoral (il condamne les vices les plus odieux), et il ne concerne pas "l'esprit ou le bien universel" (domaine réservé à la spéculation théorique), mais seulement une sorte de "sous-théologie" : il appartient bien à ces récits qui s'occupent, comme dit Macrobe, "vel de anima, vel de aereis aetheriisve potestatibus, vel de ceteribus diis".

En fait, c'est donc par ce chapitre II que "l'autorité" de Macrobe couvre Guillaume. Celui-ci, pourtant, semble ne se référer qu'au chapitre III, où sont distinguées les différentes espèces de songes, classement peu clair, péniblement emprunté à Artémidore ; *insomnium, visum, visio, oraculum, somnium :* seule cette dernière catégorie, le "songe" proprement dit, qui a un sens mais a besoin d'interprétation, concerne les textes de Cicéron et de Guillaume. Macrobe se réfère aussi, dans le même chapitre, à l'opposition traditionnelle depuis Homère entre les "portes d'ivoire" par où viennent des songes faux et les "portes de corne" par où viennent les songes vrais (*Odyssée,* XIX, 562 sqq). Rappelons la jolie traduction de Robert Brasillach, essayant de transposer en français les jeux de mots d'Homère (*Anthologie de la poésie grecque,* Paris, Stock, 1950, p. 60-61) :

> Devant les songes vains deux portes il existe,
> Qu'ivoire d'éléphant ou corne ont bien fermées.
> Un songe qui nous vient par l'ivoire scié,
> Ça trompe énormément, c'est éléphantaisiste.
> Mais la corne polie n'offre qu'image vraie
> Qu'orne pour qui la voit la corne du succès.

Si Guillaume de Lorris n'a pas repris cette distinction (qu'on trouvait pourtant chez Virgile), c'est peut-être par habileté, pour qu'on ne lui dise pas : "votre songe est de ceux qui arrivent par la porte d'ivoire !". Il laisse croire que Macrobe soutenait la véracité de *tous* les songes, ce qui est faux. Mais ce qui est vrai, c'est que Macrobe représente une certaine tradition philosophique d'origine platonicienne, à tendances un peu mystiques, qui a influencé fortement l'"école de Chartres" et l'école de Saint-Victor, et s'oppose au froid rationalisme des disciples d'Abélard et, au XIIIe siècle, des aristotéliciens ; "l'autorité" du commentaire de Macrobe sert donc à Guillaume de Lorris à présenter son œuvre comme une sorte de révélation surnaturelle à la façon du *songe de Scipion.*

Ce serait sans doute exagérer que de rapprocher cette idée du rôle de révélation surnaturelle accordé au songe dans tant de cultures... et pourtant, si l'on feuillette le recueil collectif *Le rêve et les sociétés humaines* (publié sous la direction de R. Caillois et G.E. von Grunebaum, NRF, 1967), on est tenté par des rapprochements. Il y a cette institution du jeûne onirique chez les Indiens des Grands Lacs, où le rite de puberté essentiel consiste en un jeûne de plusieurs jours, pendant lequel le jeune homme, isolé dans un arbre, reçoit en rêve de son démon protecteur l'indication précise des devoirs et des pouvoirs spécifiques qui le singulariseront toute sa vie... le songe de Guillaume de Lorris, point de départ d'une acculturation, n'est-il pas aussi un rite de puberté ? Il y a ces Indiens Mohaves (sud de la Californie), chez qui le rêve met le chaman en contact avec le moment de la création où est apparu tel type de maladie, c'est-à-dire avec l'archétype de cette maladie, ce qui lui permet de la provoquer ou de la guérir ensuite, parce qu'il la connaît dans son être originel.

Archétype : peut être ce mot nous ouvre-t-il une approche particulièrement féconde du *Roman de la Rose.* Nous l'avons déjà dit, il ne peut s'appuyer sur le chapitre III de Macrobe qu'en liaison avec le chapitre II, c'est-à-dire que c'est moins un songe qu'un *mythe,* donc un modèle originaire, un archétype narratif de la destinée ou de la conduite humaine. Notre esprit moderne est gêné par des distinctions modernes, comme celle entre "cause" et "prémonition" (les vers 28-30 signifient-ils que Guillaume a suivi les leçons de son rêve pour séduire sa belle, ou qu'il a constaté, sans l'avoir cherché, que cette séduction se passait comme dans son rêve ?) ou comme celle entre événement concret et généralisation abstraite (l'histoire est-elle une aventure particulière, ou un modèle typique de tout amour ?) ; certes, la "pensée sauvage" ne mélange pas tout, comme l'ont cru certains disciples de Lévy-Bruhl, mais ses classifications ne sont pas les nôtres, et elle neutralise les deux distinctions précitées lorsqu'elle fait du mythe un *archétype*. Quand le chaman mohave rêve d'une gastro-entérite, du fait qu'il s'agit de la Gastro-entérite primitive, apparue pour la première fois dans la Création, c'est en réalité la notion générale de gastro-entérite qu'il rêve ; et s'il se voit guérissant cette gastro-entérite, cette vision onirique est à la fois le modèle qu'il suivra dans la vie et la prémonition des guérisons qu'il effectuera. C'est la même chose pour le *Roman de la Rose* : le rêve est à la fois cause et annonce du destin (comme déjà la parole des prophètes dans la Bible) ; et il met en contact le poète avec une expérience particulière, concrète, mais qui, du fait qu'elle est un archétype, est l'expérience générale de la notion abstraite d'amour.

N'importe quel récit mythique suffirait-il à remplir cette double fonction ? Ce n'est pas sûr : la fiction du *songe* lui convient particulièrement. Le mythe, par opposition à l'Histoire, établit une discontinuité entre des situations temporelles, et par conséquent un contact immédiat entre le monde évoqué et le monde vécu ; cette discontinuité, ce contact immédiat sont réalisés parfaitement par l'expérience du rêve. Et celui-ci est notre seule véritable expérience de l'abstraction : nos idées abstraites de l'état de veille sont toujours appuyées sur un mot, qui concrétise ce qu'il y a de commun à plusieurs expériences ; c'est seulement dans le rêve que plusieurs expériences peuvent prendre une unité intrinsèque sans que nous sachions définir cette unité. Bien sûr, dans la *Rose,* les abstractions sont toutes représentées par des mots, mais ces mots ne sont pas encore bien entrés dans l'expérience courante des hommes de l'époque, et leur intégration à l'expérience du rêve justifie leur degré d'abstraction.

Malgré tout, il était bien dur d'imposer au public une idée abstraite comme cœur du songe. Les ouvrages allégoriques centrés sur des notions purement morales (Charité, Justice...) ont eu un succès moins durable que le *Roman de la Rose,* qui disposait ses abstractions en étoile autour d'une image vivante, mais matérielle.

C. LA ROSE

La rose n'est pas seulement "l'objet" de la quête du héros : Guillaume de Lorris a voulu (v. 34-38) qu'elle définisse le *titre* de son "roman". Les œuvres du Moyen Age n'ont pas de "titre" au sens où en ont les œuvres modernes, pour lesquelles il s'agit d'un procédé d'identification et de classement. Quand on leur donne un titre – et on peut leur en donner plusieurs, aussi bien que pas du tout – c'est pour essayer de représenter la substance profonde dont le récit n'est que le développement : de même, lorsqu'un conteur populaire discute gravement sur le "vrai titre" d'un récit folklorique, il ne s'agit pas de savoir sous quel nom vous pourriez le trouver dans un catalogue, mais ce qui, aux yeux de ce conteur, représente l'essentiel de l'histoire. Quand l'auteur propose un titre au Moyen Age, ce n'est jamais présenté comme une suggestion de son invention, mais comme une formule qui lui est imposée de l'extérieur, par l'histoire elle-même, et qui a souvent une sorte de puissance magique supérieure à l'efficacité propre du texte (cf. les discussions de Marie de France sur les titres de ses *Lais*).

Dans le titre proposé au V. 37, *romanz* est une présupposition d'après le v. 35. c'est donc *Rose* qui représente la révélation contraignante, le mot magique renfermant toute l'efficacité du poème. Que veut-il dire à ce moment pour le lecteur ? Qu'est-ce que le mot *rose* représentait pour un lecteur aristocratique du XIIIe siècle ?

L'antiquité gréco-latine avait abondamment cultivé au moins deux ou trois espèces de roses, certainement pas les plus belles qui ont été réalisées aujourd'hui par des croisements, mais tout de même quelque chose de fort différent de l'églantier sauvage. La principale devait être la *rosa centifolia,* "à cent pétales", banale pour nous par sa couleur pâle, mais qui paraissait une fleur extraordinaire aux gens de l'Antiquité, parce qu'ils connaissaient bien peu de fleurs odorantes, et presque pas d'autres fleurs doubles comme notre dahlia. C'était donc la fleur numineuse par excellence, d'où son emploi, d'une part, dans les fêtes religieuses : on se couronnait de roses pour les sacrifices et les banquets solennels ; et, d'autre part, dans la thérapeutique : la rose, après divers traitements (sous forme d'onguents, ou d'eau de rose...) soignait toutes sortes de maux, les maux de tête comme les maux de ventre. L'"âne d'or" d'Apulée, jeune homme changé en animal par magie, ne peut retrouver sa forme première qu'en mangeant des roses.

Pendant le Haut Moyen Age, la culture des roses est restreinte à quelques abbayes et à quelques châteaux, mais elle reprend à partir du Xe siècle, et l'influence de la culture arabe rehausse sa signification. Elle occupe une place importante dans les "vergers", jardins d'agrément. On l'utilise toujours beaucoup en pharmacopée : il ne faut pas oublier ce rôle utilitaire (aujourd'hui, le refrain de Bécaud : "l'important, c'est la rose" évoque la nécessité de l'*inutile ;* le mot n'avait pas cette connotation au Moyen Age). On reprend l'usage antique des couronnes de roses, devenues des "chapeaux de roses" que l'on porte pour les fêtes ou qu'on offre aux grands personnages en signe de joie et d'entente (frabriquer des chapeaux de roses est un métier catalogué). A partir de 1214 sont attestées des batailles de roses pour la "prise du château d'Amour".

La rose a une grande place dans la littérature. C'est d'abord un symbole moral classique par sa présence au milieu des épines ; citons un passage d'un sermon d'Hélinand qui doit dater des environs de 1200, et, à ma connaissance, n'a jamais été rapproché du *Roman de la Rose :*

> Est enim spina inter spinas malus inter malos. Spina
> inter rosas est malus inter bonos... Est rosa inter rosas
> bonus inter [bonos, rosa inter spinas bonus inter] malos...
> Esse spinam inter spinas, valde malum est ; esse spinam
> inter rosas, pessimum. Esse rosam inter rosas magnum bo-
> num est ; sed rosam inter spinas, optimum ; istud enim est
> consummatæ virtutis & laudis eximiæ. Igitur spinæ nostræ
> nec penitus extirpandæ sunt, quia rosas generant, probant,
> et commendant : nec carius amplectendæ sunt, quia pun-
> gunt & lacerant, & quod miserrimum est, ignem expectant.

(édition Wulff-Walberg des *Vers de la Mort,* Paris, 1905, p. XXIII).

Dans les légendes médiévales, la rose est un élément des descriptions du Paradis terrestre et même céleste ; dans les "vies de saints", on voit souvent des apparitions miraculeuses de roses, pendant la vie même du personnage ou sur son cadavre, ce qui prouve nécessairement sa vertu ; parfois, la rose est le symbole du martyre ou du sang du Christ. Dans la littérature courtoise allemande apparaît la légende du jardin des roses (*Rosengarten*), sorte d'"autre monde" que doit conquérir le héros en luttant contre ses douze gardiens. Dans *Floire et Blancheflor*, les amants sont réunis grâce à un panier de roses où se cache le jeune homme. Dans *Perceforest,* la rose qui ne se fane pas représente pour Margon la fidélité de Lisane.

Dans toutes ces légendes, la rose paraît être ce qui permet à l'homme d'entrer en contact avec des réalités essentielles que pourrait lui cacher l'apparence superficielle des phénomènes. Il faut donc prendre garde à ce que veut dire l'interprétation du mot *rose* donnée aux vers 42-44. Guillaume ne se réfère pas platement à la *beauté* extérieure de celle qu'il aime, mais bel et bien à sa valeur profonde. Ainsi, ces derniers vers de l'introduction laissent le lecteur sur l'impression qu'il va échapper au monde des phénomènes pour accéder, par la voie poétique évoquée dans le nom d'une fleur, au monde des réalités essentielles.

D. LE "MIROIR" OU LA "SOMME".

Malgré toute sa métaphysique, Jean de Meun nous ramène sur terre. Il propose son titre à lui, au vers 10 621 : la postérité, fait-il dire au dieu d'Amours, devrait appeler ce livre "le Miroir aux Amoureux". Qu'est-ce qu'un *miroir* ?

Pour nous, cet objet évoque la connaissance objective ou le domaine esthétique. Le Moyen Age voit les choses d'un point de vue plus pratique. Tout d'abord, il ne faut pas oublier que la plupart du temps, un "miroir" n'est qu'en métal poli, et ne donne qu'un reflet très imparfait : penser à la formule de Saint Paul, disant que nous ne connaissons Dieu en ce monde que "per speculum, in aenigmate" : connaître par un miroir, c'est connaître approximativement. Mais le miroir a une fonction *pratique* précise : il sert à l'homme, et surtout à la femme, à constater les imperfections de sa toilette, de sa chevelure, de son visage, et à les rectifier. C'est à partir de là que *speculum* en latin, et *miroir* en français, sont employés au figuré, en particulier dans des titres d'œuvres littéraires : on écrit des *Miroirs des Princes,* des *Miroirs des Prélats,* des *Miroirs des Dames :* il s'agit, chaque fois, non pas de donner une description objective, mais de dire aux membres de la catégorie sociale visée quels sont ses défauts et quels sont ses devoirs. En somme, ce sont des *sermones ad status,* des sermons adressés à des *"estats"* particuliers. Un *Miroir aux amoureux,* c'est donc autre chose qu'un *art d'Amours ;* cela veut corriger les amoureux de leurs défauts.

Il y a de quoi nous étonner ; car enfin, le *Roman de la Rose* complété par Jean de Meun, ce n'est pas *un* sermon, c'est une suite d'au moins quatre ou cinq sermons, passablement contradictoires. Mais nous arrivons à l'époque scolastique, et le "miroir" est en train de se modifier : il tend souvent à se rapprocher de la *Somme.* C'est ce dernier titre que nous serions tentés de mettre sur l'œuvre de Jean de Meun. La culture du XIIIe siècle se caractérise par sa tendance à la synthèse et à l'uniformisation : les recherches originales, partielles, tendent à être intégrées dans des recherches générales, valables pour tout le monde et

pour toute une branche de la culture. Cela se manifeste par de grandes
tentatives de synthèse écrites. Dès le XIIe siècle on a les encyclopédies
d'Honorius Augustodunensis et de Guillaume de Conches *(Summa de
quæstionibus naturalibus),* et le *Décret* de Gratien, véritable somme du
droit canon. Au XIIIe siècle des ouvrages du même type se constituent
dans tous les domaines : les "légendiers" sont des sommes hagiographi-
ques (la *Légende Dorée* de Jacques de Varazze) ; Thomas de Cantimpré,
Alexandre Neckham, Vincent de Beauvais écrivent des encyclopédies ; on
a des sommes d'agriculture, de chasse, de médecine, de philosophie
(Guillaume d'Auvergne), de technique littéraire (les *Arts poétiques* pu-
bliés par Faral) ; on peut considérer que bien des œuvres littéraires de
l'époque tendent à être ainsi des "sommes", depuis le *Lancelot en prose*
(somme arthurienne), jusqu'au *Roman de Renart* (somme des contes d'animaux).

Très souvent, ces ouvrages, au lieu de présenter un point de vue unique adopté par l'auteur, offrent au public une pluralité de points de vues
et de positions sur chaque problème ; l'auteur, en général, tranche ensuite,
mais le lecteur est renseigné et guidé en toute connaissance de cause.
Au XVe siècle encore, le *Speculum humanæ vitæ* de Sanchez de Arevalo
(un "miroir", d'après son titre !) pèse le "pour" et le "contre" de chaque
profession. Nos "encyclopédies" modernes (ce terme remplace aujourd'hui
celui de "somme") ont parfois conservé ce système. Ainsi, la récente
Encyclopédie du Bon français (éditions de Trévise, 3 vol., 1972), pour
chacun des dix mille problèmes de grammaire et de vocabulaire qu'elle
classe par ordre alphabétique, propose un petit dossier donnant l'opinion
des lexicographes, des grammairiens et des puristes, avant de conclure ;
c'est donc une sorte de "somme".

Jean de Meun offre quelque chose d'analogue. Certes, il ne catalogue
pas une série de problèmes précis, comme Saint Thomas dans sa *Somme
Théologique ;* il laisse la casuistique amoureuse à d'autres auteurs. Mais,
sur le problème *d'ensemble* de l'amour, il présente une série de points de
vue différents, dans une *disputatio* comme on en pratiquait à l'Université
de Paris. Comme l'a bien montré Alan Gunn, il ne s'agit pas d'exposer
une doctrine, mais tous les sens et les aspects divergents de l'amour, et
les solutions finalement choisies n'empêchent pas les tensions de subsis-
ter. Jean de Meun choisit le bonheur, mais il reste pessimiste ; il choisit
Nature contre Raison, mais ne condamne celle-ci qu'au nom d'elle-même,
puisque son argumentation reste purement intellectuelle. Comme la plupart des auteurs de sommes, il excite l'intelligence des lecteurs plus
qu'il n'entraîne leur émotion. Et la froide et banale précision du cours
d'éducation sexuelle sur lequel il termine, malgré sa présentation méta-
phorique, nous donne envie de reprendre le début du roman pour y retrouver le souffle d'une haleine plus naïve, mais plus fraîche.

CHAPITRE 4

LA SATIRE DU MARIAGE

A. LE PROBLEME CHEZ JEAN DE MEUN : AMOUR ET SEIGNEURIE.

En réunissant la tradition allégorique et la tradition érotique, Guillaume de Lorris, sept cents ans avant Freud, a peut-être découvert – ou du moins mis en vedette – l'homologie entre l'opposition sexualité / non-sexualité et l'opposition sens figuré / sens propre, homologie dont nous avons justement parfois l'expérience fugitive dans le songe, à travers certaines ambivalences difficiles à définir au réveil. Jean de Meun, lui, a tendu à affaiblir ces deux oppositions en leur ôtant le mystère biologique ou spirituel qui fondait précisément leur homologie : la sexualité est intégrée par lui au système de la nature, l'allégorie présente directement les idées morales. Par cette sorte de "démythisation", Jean retrouvait les deux institutions établies depuis longtemps pour délivrer les hommes de cette troublante dualité de leurs organes et de leur langue : le mariage et la rhétorique.

Mais c'étaient des institutions culturelles, et Jean de Meun partait d'un principe naturaliste. L'opposition nature/culture est bien présente à son époque, ce que nous appelons "culture" apparaissant sous le nom d'*art* ("technique"), sous le nom de *norreture* ("éducation") ou sous le nom de *loi :* ces trois mots mis explicitement en opposition avec *nature* chez Jean de Meun (v. 13 845-48, 14 007-14 008 et 16 082) comme chez beaucoup d'auteurs de son époque. Mais cette opposition prend une nuance assez curieuse chez notre auteur : le *livre,* qui nous paraît l'élément typique de la culture, se trouve pour lui du côté de la nature : c'est lui qui nous permet de mieux la connaître (v. 8870) et d'éviter (au lieu de croire le dominer, illusion culturelle) ce qu'elle a de mauvais (8797-8800). L'institution rhétorique n'est donc pas, pour lui, condamnable comme anti-naturelle ; peut-être sent-il le mouvement par lequel elle réconcilie le sens propre et le sens figuré, la "parole overte" et la "parole coverte", dissociés par la culture mais unis dans un stade plus "primitif" de la pensée humaine.

Au contraire, l'institution matrimoniale tombe sous sa critique. A vrai dire, Jean de Meun nous déçoit en utilisant pour cette critique des motifs rebattus, tirés d'une vieille tradition qui remonte aux philosophes de l'Antiquité, imités ensuite par les auteurs chrétiens d'esprit monastique : c'est le thème des *molestiae nuptiarum,* dont nous allons suivre l'histoire jusqu'à la fin du Moyen Age. Mais Jean de Meun y représente une nuance originale.

En effet, le sujet de l'œuvre qu'il continue l'oblige à rencontrer un autre courant anti-matrimonial, celui de ces auteurs "courtois" pour lesquels l'amour ne peut pas trouver son accomplissement dans le mariage. Mais ces auteurs n'attaquaient le mariage que de l'extérieur : l'idéal de l'amour adultère, qu'ils proposaient, *présupposait* le mariage, qui faisait seul de la femme la "Dame" disposant d'assez d'autonomie morale et de prestige social pour dispenser librement des faveurs ayant une véritable valeur. Ces auteurs courtois ne se plaçaient jamais du point de vue du mari, mais du point de vue du séducteur, du *mœchus,* cible de la satire antique ; celle-ci, au contraire, attaquait le mariage de l'intérieur, du point de vue du mari. C'est pour celui-ci, non pour la femme comme chez les troubadours, que le mariage apparaissait à Théophraste ou à Juvénal comme une situation contraignante : la contrainte venait de la femme, et c'est elle qui était critiquée, alors que, pour beaucoup d'auteurs "courtois", la contrainte vient du mari.

Jean de Meun se place, comme Théophraste et Juvénal, du point de vue du mari, mais sans oublier l'amour courtois, car il assimile le problème du mariage à celui de la "conservation de l'amour", traité au livre II d'André le Chapelain – bien que ce même André interdise explicitement une telle assimilation, puisque, pour lui, l'amour est impossible dans le mariage. Un procédé d'enchâssement permet alors à Jean de Meun de présenter deux points de vue différents : le *discours d'Ami* proprement dit se place du point de vue de l'amour courtois (mais pas spécialement adultère), et ne condamne pas formellement le mariage, il dit seulement que l'amour est menacé par le besoin de domination ("seigneurie") venant de chacun des deux partenaires : la femme cherche à assujettir l'homme, l'homme cherche à assujettir la femme ; à titre d'exemple de ce dernier cas, il cite l'histoire typique et le *discours du mari jaloux,* qui représentent de façon caricaturale cette mauvaise façon de chercher à conserver l'amour, cette façon qui aboutit à le détruire. C'est dans le discours du jaloux qu'apparaît la condamnation formelle du mariage, mais n'oublions pas qu'il parle ainsi parce que son propre mariage, par sa faute, a été un échec, et non par un raisonnement froid et objectif. Le thème antique des *molestiae nuptiarum,* des "ennuis du mariage", n'apparaît donc, en principe, qu'indirectement, dans ce discours ; il n'est pas pris à son compte par Ami.

En fait, pourtant, le thème traditionnel déborde au-delà de ces limites, non sous sa forme antimatrimoniale, mais sous sa forme antiféministe : Ami encadre le discours du jaloux entre de violentes attaques contre les femmes. Il les juge privées de tout sens moral (v. 9386, "en fame n'a point de sciance" : la pensée courante de l'époque ne distingue pas entre *science* et *sagesse),* et guidées par une *covoitise* qu'il distingue mal de de la *libido dominandi :* en voulant établir sa *seigneurie,* la mari oublie que la femme aussi veut établir la sienne, mettre les hommes en *subjection* (8271).

Ce thème de la "seigneurie" féminine, aussi nuisible à l'amour que celle de l'homme, se retrouve dans un tout autre passage du roman : aux vers 16 253-16 676, une tirade inattendue de Génius contre les femmes répond au repentir de Nature qui pleure et demande à se confesser. Génius attaque alors les pleurnicheries des femmes, mais surtout leur indiscrétion : si l'on comprend bien, voir Nature impatiente de lui révéler un secret lui fait penser à l'imprudence de ces hommes qui confient des secrets à leurs femmes, naturellement bavardes. Un discours de la femme curieuse, qui cherche à faire dire un secret à son mari, est alors inséré dans celui de Génius, comme le discours du jaloux dans celui d'Ami. Parallélisme artificiel ? Non, car Jean de Meun, dans ce passage, cherche surtout à montrer comment la femme, en sachant les secrets de son mari, le tient à sa merci, devient sa "dame" (v. 16 318 et 16 611 sqq). Le secret n'est qu'un cas particulier d'une règle capitale : il ne faut pas donner trop de pouvoir à sa femme, lui laisser la "seigneurie". Le discours de la curieuse représente l'effort de domination de la femme, le discours du jaloux l'effort de domination du mari, l'un et l'autre également nuisibles à la bonne entente entre amants et époux. Jean de Meun serait prêt à fournir des arguments à notre "Mouvement de Libération de l'Homme" comme à notre "Mouvement de Libération de la Femme" : comme ces mouvements, il rêve d'une utopique égalité, oubliant, lui qui prône tant la "Nature", une loi naturelle : quand deux êtres vivants vivent ensemble, il y en a nécessairement un qui domine l'autre.

Amour et seigneurie, voilà donc l'opposition fondamentale pour Jean de Meun quand il parle des relations durables entre l'homme et la femme ; l'opposition entre le mariage et les relations hors du mariage, si importante pour les moralistes orthodoxes comme pour leurs adversaires "courtois", est secondaire dans le *Roman de la Rose*. Le mariage n'y est qu'une rencontre entre la vie sexuelle et le grand problème social de l'égalité et du pouvoir : c'est pourquoi l'épisode du jaloux s'insère si curieusement au milieu d'une description de l'âge d'or faite d'un point de vue social très général, sans référence à l'amour.

B. JUVÉNAL.

Le thème de l'âge d'or nous amène nécessairement aux auteurs de l'Antiquité dont s'inspire Jean de Meun. Juvénal commençait aussi sa satire contre les femmes (1) par une évocation de la vertueuse humanité primitive : mais ce n'était pas pour traiter le thème dans ses aspects sociaux, pour lesquels Jean de Meun s'inspire d'autres auteurs, comme nous le verrons au prochain chapitre ; c'était seulement pour introduire directement le thème de la satire en opposant la prépondérance de Chasteté (*Pudicitia*) sous le règne de Saturne à sa disparition par la suite. Nous voilà, certes, bien près de la partie allégorique du discours du Jaloux, où l'on voit *Chasteté* aux prises avec *Beauté* et même avec *Laideur*, et en tout cas, avec les femmes qui se fardent (*Rose*, v. 8927-8994). Mais la différence est frappante : chez Juvénal, pas question de *lutte* entre *Pudicitia* et des adversaires ; le thème de l'âge d'or apparaît là comme un rêve passif, comme une mythologie de projections fixes où la préséance d'un ou deux personnages fait place, sans vrai combat, à celle d'un ou deux autres, tout cela étant transféré dans un passé dont les séquences successives sont détachées de la réalité présente, alors que Jean de Meun nous fait assister à une lutte d'une douloureuse actualité. Une autre différence est moins apparente : Jean de Meun paraît croire à la beauté "naturelle" de la femme, gâtée par les fards (9009-9032), alors que Juvénal a conscience de la laideur animale de la Femme de Néanderthal (v. 10 : "souvent plus laide encore que son mari qui rotait ses glands"). Mais, après tout, nous ne pouvons pas donner raison à Juvénal : voudrait-il vraiment

1. *Satire VI.* Je cite d'après l'éd. Labriolle-Villeneuve, Paris, Belles-Lettres, 1921.

être entouré de demi-singesses ? La rhétorique l'entraine à louer ce qui
ne saurait être défendable.

Aliter tunc ! "alors, c'était autre chose ..." : Juvénal (v. 11) ne veut
évidemment pas dire qu'il regrette que les femmes soient devenues belles.
Mais "l'âge d'argent", avant même les autres vices nés à "l'âge de fer",
a vu naitre l'adultère. D'où l'effroi affecté par Juvénal en voyant que son
ami Postumus va se marier : il est donc fou ? "Supporter une patronne,
alors qu'il reste tant de cordes pour te pendre, tant de fenêtres ouvertes
sur des précipices, et que le pont Emilius est tout près, à ta disposition ?"
Ainsi s'ouvre la bonde par où s'épanche la verve de Juvénal, verve dé-
sordonnée qui nous livre une série de portraits et de diatribes sans aucun
souci de raisonnement logique. Parti sur une attaque du mariage, il tourne vite à la satire des femmes, le type central étant la débauchée menia-
que, Messaline ou Hibérina, qui inspire Jean de Meun (v. 53-54 = *Rose*
8257-8262) :

> Unus Hiberinæ vir sufficit ? Ocius illud
> Extorquebis, ut haec oculo contenta sit uno !

Le type opposé est la jeune fille de campagne, de mœurs pures mais qui
sera corrompue dès son arrivée à Rome ou à Gabies (v. 55-59) : on peut
noter avec intérêt que Jean de Meun n'a pas repris ce thème, ne considérant pas la ville comme corruptrice, comme on le fera au temps de la Pré-
Renaissance. Jean de Meun, du reste, n'imite directement aucun des portraits qui suivent chez Juvénal : la femme qui aime un comédien ou qui
part avec un gladiateur ; Messaline, *lassata necdum satiata* après une nuit
de travail au bordel ; la femme qui se vante de sa noblesse ; celle qui parle grec tout le temps. Il se souvient plutôt de quelques vers qui lui inspirent un développement, ainsi des vers 123-125 (cp. *Rose* 9113-9124) :

> Hippomanes carmenque loquar coactumque venenum
> Privignoque datum ? Faciunt graviora coactae
> Imperio sexus, minimumque libidine peccant.

Ou encore du vers proverbial sur la femme belle et vertueuse, oiseau rare
comparable au cygne noir (v. 165, cp. *Rose* 8657-8676) :

> Rara avis in terris, nigroque simillima cycno !

Mais ensuite, Juvénal présente comme un cas tout à fait général celui
de la femme qui veut dominer son mari (v. 206-224) : dans ce développement, nous sommes tout près des préoccupations fondamentales de Jean de
Meun, et plus particulièrement des vers 8251-8272 du *Roman de la Rose* :
"...courbe la tête et prépare-toi à porter le joug. Tu n'en trouveras point
qui épargne celui qui l'aime : même amoureuse elle-même, elle se fait une
joie de le tourmenter, de le dépouiller..." Suivent des exemples où l'épouse impose un héritier à son mari, où elle fait crucifier un esclave sans
raison. Conclusion : "Imperat ergo viro". La "seigneurie"...

Mais, chez Juvénal, cette seigneurie est provisoire : la fin du même
vers 224 nous présente la femme abandonnant ce "royaume" par un divorce.
"Huit maris en cinq automnes" (v. 229-230), c'est plus qu'il n'est imagi-
nable dans l'Occident médiéval, malgré les annulations de complaisance
accordées aux princes. Et les portraits qui précédaient supposaient déjà
une *autonomie* de la femme bien supérieure à celle dont elle jouit au
Moyen Age. Jean de Meun ne les supprime pas seulement par goût de
l'abstraction, mais parce qu'ils seraient difficiles ou même impossibles
à transposer.

Jean de Meun se souvenait certainement de la tirade de Juvénal contre
les belles-mères (v. 231-242) quand il a prêté au jaloux une tirade analogue *(Rose,* v. 9290-9326), qui couronne même son discours. Il n'y a pas

d'imitation textuelle très précise, mais l'idée centrale est la même : la femme est guidée et aidée dans ses débauches par sa mère, elle-même ancienne débauchée.

> Scilicet expectas ut tradat mater honestos
> atque alios mores quam quos habet ? Utile porro
> filiolam turpi vetulæ producere turpem. (239-241)

Les portraits suivants (la plaideuse, la femme qui pratique des exercices violents) n'ont guère inspiré les auteurs du Moyen Age. La scène des querelles dans le lit conjugal, qui a clairement inspiré les *Quinze Joyes de Mariage,* n'a son écho chez Jean de Meun que dans l'épisode de Génius (v. 16 359 sqq).

La scène de la femme prise en flagrant délit d'adultère (Juvénal, VI, 279-285) nous fait reconnaitre une différence très importante avec Jean de Meun. Juvénal nous montre un mari incapable, en pareil cas, de trouver la "couleur de rhétorique" convenable, tant il est suffoqué ; c'est la femme qui trouve le mot de la situation, en assurant que le mariage avait été conclu à des conditions de totale liberté, et l'auteur s'indigne :

> ... Nihil est audacius illis
> Deprensis : iram atque animos a crimine sumunt.

Cette situation, nous ne la retrouverons pas dans le discours du jaloux, mais présentée directement par Ami (v. 9666-9672) : si on prend son amie en flagrant délit d'infidélité, il faut faire semblant de ne rien voir. La passivité du mari, ridicule et scandaleuse aux yeux de Juvénal, est érigée en modèle par Jean de Meun : tout ce passage du discours d'Ami (v. 9657-9744) développe cette théorie.

La suite de la satire VI a moins inspiré Jean de Meun, bien qu'on y trouve au passage (comme chez Ovide) l'idée qu'il est inutile de tenir une femme étroitement surveillée (v. 346-348), idée que Jean de Meun réserve au discours de la Vieille (v. 14351-14364, cf. cependant aussi v. 8568-8570), et qui est courante au Moyen Age (elle fournit le thème du roman provençal *Flamenca).* Juvénal revient plusieurs fois sur les pratiques magiques des femmes romaines. Mais il revient aussi à son thème du début, celui de la dégradation des mœurs : le luxe moderne est responsable de la débauche, vieux lieu commun des auteurs latins, mais qui a pu inspirer Jean de Meun *(Rose* v. 9607-9648) : la *"covoitise"* est telle que les plus nobles femmes sont "vendues", et l'on voit ici Ami faire une exception à son antiféminisme par concession à la doctrine courtoise, en faisant l'éloge de certaines femmes. Juvénal s'exprimait plus généralement :

> Prima peregrimos obscæna pecunia mores
> Intulit, et turpi fregerunt sæcula luxu
> Divitiæ molles. (v. 298-300)

Les portraits de la cancanière, de la brutale, de la pédante n'inspirent pas Jean de Meun (on peut même opposer l'éloge que celui-ci fait de la "letreüre" d'Héloise, v. 8797, aux ironies de Juvénal pour la femme savante, v. 434-456). Mais l'ironie acerbe du satirique latin contre la coquetterie (v. 458-473 et 489-509) peut être rapprochée du passage correspondant, malheureusement plus abstrait et moins pittoresque, dans le discours du jaloux (v. 8813-9032). On pourrait rapprocher un trait :

> Pane tumet facies aut pinguia Poppæana
>   Spirat   (v. 462-463)

des "luisanz superfices" que le jaloux reproche à sa femme (v. 8909) ; et ce que Juvénal dit de la chevelure qui "surélève la tête" (v. 502-503) a pu inspirer ce que le jaloux dit de la robe "qui si vos fet haucier la chiere" (8816). L'idée que les coquetteries de la femme servent pour l'amant et non pour le mari se trouve dans les deux textes, mais dans un esprit légèrement différent : Juvénal y voit une intention perfide de la femme, le jaloux y voit simplement un gaspillage.

A côté de la satire VI contre les femmes, Jean de Meun semble avoir eu des souvenirs de la satire X de Juvénal, où les exemples de Lucrèce (v. 293, cp. *Rose* 8578 sqq) et de Virginie sont invoqués pour prouver qu'il ne faut pas souhaiter avoir de beaux enfants, leur beauté les exposant à toutes sortes d'ennuis (v. 289-345) ; à propos de ce thème, Juvénal disait, dans un esprit très proche de celui de Jean de Meun, que la Nature, plus puissante que tout, peut donner à l'enfant une âme chaste et une physionomie modeste (v. 301-303).

Nous avons vu au passage les plus frappantes différences entre le satirique latin et le philosophe médiéval de l'amour. Juvénal efface le rôle du mari : c'est la femme qui prend toutes sortes d'initiatives, qui provoque les querelles, qui divorce, qui trouve ses compensations dans la magie ou l'homosexualité ; l'homme, mari ou amant, n'est pas grand-chose, tout au plus un bellâtre admiré pour ses combats dans l'arène. Jean de Meun est beaucoup plus sensible au conflit direct entre l'homme et la femme, et à ses répercussions dans l'esprit de l'homme. Les portraits précis de Juvénal, généralement individualisés par un nom propre, sont jolis et pittoresques ; mais les fureurs du Jaloux – et même les conseils prudents d'Ami, qui invite à ne pas suivre cet exemple, mais montre pour lui beaucoup de compréhension – nous mettent en présence de problèmes plus profondément vrais, plus douloureusement sentis. L'abstraction, ici, joue son rôle normal : elle va plus loin au fond des choses, et nous arme mieux contre les difficultés du réel.

C. LE POINT DE VUE D'HELOÏSE : DE THEOPHRASTE A JEAN DE SALISBURY.

La satire VI de Juvénal, malgré son prétexte anti-matrimonial, est franchement dirigée contre les femmes elles-mêmes. Une tradition plus abondante, qui va des philosophes de l'Antiquité aux moralistes du Moyen Age en passant par les Pères de l'Eglise, est dirigée contre le mariage et la vie conjugale. Cette tradition n'est pas purement négative et critique, elle est liée à un certain idéal de sagesse ; mais cet idéal, en général, n'est pas proposé à la grande masse des hommes, il s'adresse seulement à ceux qui veulent mener une vie meilleure que celle des autres.

Idéal aristocratique, certes, et qui heurte nos idées modernes : il nous semble que, si l'on trouve le mariage mauvais, on devrait le trouver mauvais pour tous les hommes. Mais la tendance "élitaire" de la philosophie antique et de la spiritualité chrétienne traditionnelle est liée à une certaine prise de conscience de la responsabilité individuelle, et, même si on lui préfère l'interprétation "démocratique" du Christianisme, il faut reconnaître qu'elle a joué un rôle utile dans le développement de la conscience morale.

Le "philosophe" de l'Antiquité est un homme qui veut penser par lui-même au lieu de rester prisonnier d'une mentalité collective. Cela implique évidemment qu'il prenne une certaine distance par rapport aux cellules sociales auxquelles appartient normalement un homme de son temps.

Pour la *cité*, il y a eu désaccord entre les écoles, certaines y voyant le lieu même de la confrontation des pensées individuelles ; mais la *famille* ne semble guère avoir été défendue par les philosophes. Il ne leur paraît pas possible de concilier l'activité du père de famille avec la réflexion personnelle ; bien des universitaires d'aujourd'hui comprendraient cette difficulté, mais bien peu d'entre eux osent soutenir ouvertement la solution extrême du célibat.

On comprend que Théophraste, le meilleur disciple d'Aristote, s'y soit risqué, avec son esprit un peu superficiel et légèrement paradoxal, porté à la caricature, avec son regard détaché et sarcastique. Nous avons perdu le texte grec de son opuscule "sur le mariage", mais Saint Jérôme nous en a transmis de larges extraits dans son *Adversus Jovinianum (Patrologie latine,* tome 23, 276-278). Cette adaptation latine a été utilisée par plusieurs auteurs du XIIe siècle, comme Abélard, Pierre de Blois (P.L. tome 207,243), Jean de Salisbury et Gautier Map *(Dissuasio Valerii ad Rufinum ne uxorem ducat).* Jean de Meun, semble-t-il, s'inspire directement de ces deux derniers auteurs, c'est-à-dire qu'il cite Théophraste au troisième ou au quatrième degré, à travers deux ou trois intermédiaires, attribuant même le texte de Gautier Map à un "Valérius" qui n'a pas existé ; il y a sans doute même un intermédiaire supplémentaire, si Saint Jérôme n'a connu le libelle de Théophraste qu'à travers un ouvrage perdu de Sénèque.

Théophraste, à vrai dire, inclinait vers la satire des femmes, et a peut-être inspiré Juvénal. A un disciple lui demandant s'il devait se marier, il traçait un tableau satirique de la vie conjugale : "Il en faut, des choses aux mères de famille ! des habits précieux, de l'or, des bijoux, des frais divers, des servantes, du mobilier varié, des litières, des voitures dorées" ... "En nourrir une qui est pauvre, c'est difficile ; en supporter une qui est riche, c'est un supplice. Avec cela, on ne choisit pas sa femme, il faut la prendre comme elle vient" ... "Si tu lui confies toute la gestion de la maison, te voilà esclave. Si tu réserves quelque chose à tes décisions personnelles, elle trouvera que tu n'as pas confiance en elle, cela tournera en haine et en querelles, et, si tu n'avises pas rapidement, elle préparera le poison" ... "A quoi peut servir une garde même attentive, alors qu'il est impossible de surveiller une femme débauchée, et anormal de surveiller une femme chaste ? Rien ne peut être en sécurité quand les désirs de tout un peuple y aspirent" ... "Et s'il s'agit d'une femme bonne et douce (oiseau rare, à vrai dire !) nous pleurons avec elle quand elle est en couches, nous souffrons avec elle de ses ennuis. Le sage ne peut jamais être seul".

Dans le mariage, *sapiens nunquam solus esse potest* : l'idéal de la sagesse est d'échapper à la vie communautaire. Si étrange que cela nous paraisse, cet idéal est repris par les auteurs chrétiens : le chrétien parfait, pour eux, c'est l'ermite. Malgré sa fâcheuse expérience personnelle de la vie érémitique, Saint Jérôme tient à ce principe, lié, dans le cas du mariage, à un autre principe auquel il tient encore plus : la supériorité de la virginité. C'est le principe de la virginité qu'il défend dans sa lettre 22 à Eustochium, et surtout dans le *Contra Helvidium,* où, voulant conseiller aux jeunes filles la virginité sur le modèle de Marie, il trace un tableau satirique de la vie de famille : "les bébés piaillent, les domestiques font du tapage, les enfants se pendent à votre cou, on fait le compte des dépenses, on fait des plans pour les frais à venir, les cuisiniers coupent les viandes, les tisseuses bourdonnent, on annonce l'arrivée du mari avec des amis" ... "Réponds-moi ; au milieu de tout

cela, où placer une pensée pour Dieu ? Et c'est ça une maison heureuse ?!"
..."Un parasite se vante de ses horreurs, fait entrer les victimes de ses
séductions à moitié nues. La malheureuse épouse s'en amuse, et court à
sa perte, ou bien se scandalise, et se dispute avec son mari". Même si
l'on est dans une maison où l'on ne voit pas cela, "oiseau rare", il y a
toujours "le soin du ménage, l'éducation des enfants, les besoins du
mari, la correction des esclaves, qui détournent de la pensée de Dieu".
Bien loin d'attaquer les femmes, Saint Jérôme utilise ici les ironies de
Théophraste en les transposant du point de vue de la femme, victime
comme le mari d'une institution qui n'est considérée que comme un pis-
aller pour la faiblesse humaine. Nos auteurs du Moyen Age, lisant plutôt
l'*Adversus Jovinianum* où Saint Jérôme utilisait directement Théophraste,
n'ont pas toujours compris qu'il était fort loin de l'anti-féminisme, et
qu'il criait au contraire, comme notre M.L.F. : "mariage, piège à cons".
   On pourrait objecter que Saint Jérôme prône la virginité, c'est-à-dire
qu'il va "au-delà" du mariage (du point de vue de la régulation des instincts) tandis que le M.L.F. et les philosophes anciens prônent l'amour
libre et restent ainsi "en-deçà" du mariage. Mais cette distinction – capitale, par exemple, pour Jean de Salisbury – est-elle vraiment pertinente
pour la pensée *courante* du XIIe s. ? On peut en douter quand on voit
l'utilisation faite par Héloïse (si l'on en croit Abélard) du dossier anti-
matrimonial réuni par Saint Jérôme. Abélard raconte ses malheurs dans
une longue lettre connue sous le nom d'*Historia Calamitatum* (à lire dans
l'éd. Monfrin, Paris, Vrin, 1959), que Jean de Meun avait traduite en
même temps que la correspondance avec Héloïse, et qu'il appelle sa *Vie*
(*Rose,* v. 8772). Cet opuscule raconte (éd. citée, p. 75-78) comment, Abélard ayant décidé d'épouser sa jeune élève enceinte du petit Astrolabe,
Héloïse avait tout fait pour l'en dissuader. Abélard reproduit, en partie
au style direct et en partie au style indirect, les arguments d'Héloïse,
inspirés du dossier transmis par Saint Jérôme. Ce mariage, dit Héloïse,
serait une catastrophe pour l'Eglise et pour la philosophie : "quanta
damna Ecclesiæ, quantæ philisophorum lacrimæ hoc matrimonium essent
secuturæ" ; il serait indécent et lamentable que celui que la nature avait
créé pour tous appartienne à une seule femme, et soit soumis à une telle
turpitude ; Théophraste a démontré par des preuves évidentes que le sage
ne doit pas se marier ; c'est incompatible avec la recherche philosophique
et avec le travail universitaire : comment concilier les écritoires et les
berceaux, les livres et les quenouilles, les plumes et les fuseaux ? Bien
sûr, ajoute Héloïse – argument nouveau par rapport à la tradition – c'est
possible chez les riches, qui ont de la place chez eux et sont allégés
des soucis quotidiens ; mais les philosophes n'ont pas le même statut
social que les riches, ils s'occupent de théologie et de philosophie et
non d'affaires séculières. Il y a toujours eu, chez tous les peuples, des
hommes qui se sont distingués de la foule *aliqua continentiae vel absti-
nentiae singularitate :* les philosophes chez les païens, les Nazaréens
chez les Juifs, les moines chez les Chrétiens. Si des païens et des laïcs
ont pu vivre ainsi, sans y être astreints par une profession religieuse,
Abélard, clerc et chanoine, n'est-il pas encore plus obligé à préférer le
service divin aux voluptés honteuses, à ne pas s'enfoncer impudemment
dans les obscénités ? Héloïse ajoutait même, dit Abélard, "mihi hones-
tius amicam dici quam uxorem, ut me ei sola gratia conservaret, non vis
aliqua vinculi nuptialis constringeret" : plus leurs rapports seraient espa-
cés, plus ils seraient agréables. En somme, pour Héloïse, les relations
sexuelles des amants sont plus chastes que celles des époux, parce

qu'elles sont moins fréquentes ; le mariage, bien loin de discipliner les
instincts, leur laisse le champ libre. A la limite, une telle théorie doit
considérer que le bordel a une fonction régulatrice plus efficace, et c'est
ainsi qu'on peut comprendre la phrase où Héloïse se vante d'être la "putain" d'Abélard (Rose, v. 8787-8794) : le texte latin correspondant (cité
en note par F. Lecoy) n'est pas tiré de l'Historia calamitatum, mais d'une
lettre d'Héloïse commentant cet opuscule. Cette lettre (en appendice dans
l'éd. Monfrin, voir surtout p. 113-114) donne quelques formules intéressantes : en préférant l'amour au mariage, dit Héloïse, elle préférait la liberté
aux liens ; et surtout dit-elle à Abélard, je manifestais ainsi que je dési-
rais te pure, non tua. Cette expression est particulièrement significative :
Héloïse, comme les troubadours, conçoit l'amour comme l'union de deux
êtres, par opposition aux institutions de l'époque qui faisaient du mariage l'union de deux avoirs — des avoirs au sens large où l'entend Gabriel
Marcel, bien entendu, et non dans un sens purement économique : si le
mariage était l'union de mea et de tua, il ne faut pas entendre par là "mon
argent" et "ton argent", mais deux réseaux d'alliances, de parentés, de
ces liens personnels essentiels dans la société féodale ; l'alliance dépasse ainsi les individus en cause et implique donc la procréation qui la
pérennise. Au contraire, l'union amoureuse "courtoise", telle que la conçoit Héloïse, est si profonde et si individualiste qu'à la limite, la présence ou l'absence des relations physiques y est secondaire.

A ce point de vue d'Héloïse, on peut opposer l'emploi qui est fait du
dossier de St Jérôme par un autre auteur du XIIᵉ siècle utilisé par Jean
de Meun : Jean de Salisbury, qui consacre au thème des "molestiæ nuptiarum" un chapitre de son Policraticus écrit en 1159 (livre VIII, chap.11 ;
éd. Webb, Oxford 1909, tome II p. 294-306). Ce chapitre pose en principe
la modestia, la modération : tout plaisir sexuel est honteux s'il n'est pas
"excusé" par les liens du mariage ; dans celui-ci, l'union sexuelle ne se
fait pas "sua urgente libidine, sed honesta consentientium voluntate" ; à
Hyménée, qui aime la lumière, il faut opposer Cupido, qui aime la flamme
"furtive" et les ténèbres (cf. Alain de Lille... et André le Chapelain).
Mais le mariage lui-même "angustiæ quam lætitiæ fecundior est". Le
secrétaire de Thomas Beckett cite alors longuement la diatribe de Théophraste d'après Saint Jérôme, en y ajoutant l'histoire de la matrone
d'Ephèse, tirée de Pétrone, et dont les auteurs des siècles suivants fe-
ront l'exemple typique de la débauche féminine. Malgré cet exemple, il
précise que les femmes doivent être classées (comme les richesses, les
honneurs et la santé, d'après les philosophes anciens) parmi les choses
qui ne sont ni bonnes ni mauvaises en soi, mais deviennent l'un ou l'autre par l'usage que l'on en fait. Mais, dit-il, si l'on trouve tant d'ennuis
dans le mariage, institué par Dieu et donc bon par lui-même, que faut-il
craindre du plaisir illicite, condamné par Dieu et par les hommes ! Certes, il n'y a rien de mieux qu'une femme chaste pour ceux qui ne peuvent
pas ou ne veulent pas rester continents ; mais ce serait de la folie que
de tirer gloire de ce qui ne mérite que de l'indulgence, et ne la mérite
même que si on reste tempérant ; si on se vautre dans le plaisir, il est
condamnable, à moins qu'il ne soit beau de se changer en bouc ou en
cochon !

Cette acerbe tirade finale vise probablement la "fine amour". Héloïse
était visiblement séduite par le point de vue des troubadours, pour lesquels Abélard lui-même devait avoir de la sympathie. Par la suite, vers
1150-1160, a dû se développer obscurément un mouvement réconciliant
la "fine amour" et le mariage, mouvement dont on voit l'aboutissement

dans *Erec et Enide*. Jean de Salisbury réagit contre ce mouvement : tout son chapitre est orienté contre la confiance des poètes courtois envers les femmes, contre leur exaltation de la passion et de l'amour "furtif".

Une autre différence est peut-être aussi importante. Héloïse voyait dans le philosophe un être exceptionnel devant échapper au sort commun du mariage ; pour Jean de Salisbury, le philosophe est au contraire un modèle à suivre pour tous. Avec lui s'achève l'emploi "aristocratique" du vieux dossier anti-matrimonial ; bien qu'il ironise contre le *"sapiens"* qui s'inquiète de savoir s'il trouvera une bonne ou mauvaise femme, il ne peut concevoir que les problèmes moraux ne se posent pas de la même façon pour lui que pour la foule des chrétiens.

Jean de Meun ne semble pas avoir senti ces différences ; il puise ses arguments chez les deux auteurs, en les orientant vers un troisième point de vue, aussi peu "institutionnaliste" que celui d'Héloïse et aussi peu "aristocrate" que celui de Jean de Salisbury. Et il s'insère, peut-être malgré lui, dans tout un courant anti-féministe dont il convient de dire quelques mots.

D. L'ANTIFEMINISME MEDIEVAL : D'ANDRE LE CHAPELAIN AUX "QUINZE JOYES DE MARIAGE".

Nous avons vu au chapitre I comment André le Chapelain, appelant Juvénal à l'aide d'Ovide (l'Ovide des *Remedia Amoris),* en vient à une diatribe contre les femmes pour aider son ami Gautier à rejeter un amour devenu pesant. Cette diatribe est d'une violence épouvantable. André le Chapelain, avec son esprit scolaire très systématique, passe en revue tous les vices féminins : les femmes sont avares, envieuses, médisantes, gourmandes, inconstantes, pleines de duplicité, indisciplinées, orgueilleuses, vaniteuses, menteuses, ivrognes, bavardes, débauchées et superstitieuses ; pour être sûr de ne rien oublier (à la façon de Rabelais quand il termine ses énumérations burlesques, mais André est sérieux), il ajoute : "la femme est *aussi* portée vers tout ce qu'il y a de mal" (*est quoque ad omne malum femina prona).* Chaque vice fait l'objet d'un paragraphe développant l'idée de façon abstraite, sans les portraits pittoresques de Juvénal. La conclusion est dans la ligne traditionnelle des auteurs chrétiens : il vaut mieux s'attirer la faveur de Dieu que la faveur des femmes. Si l'on considère l'ensemble du *De arte honeste amandi,* peut-être faut-il y voir un effort – bien maladroit - pour concilier l'opposition entre mariage et amour courtois avec l'opposition traditionnelle entre mariage et virginité : l'amour non matrimonial, vanté dans les deux premiers livres, serait supérieur (comme pour Héloïse) au niveau du mariage, mais la virginité serait supérieure (comme pour Jean de Salisbury) à toute espèce d'amour. En fait, André n'arrive à aucune doctrine positive : il ne comprend absolument pas que le niveau auquel veut atteindre son livre III, au lieu d'être purement négatif, devrait proposer une théorie fructueuse et profonde de la charité chrétienne.

Certes, d'autres opuscules latins des XIe et XIIe avaient utilisé Saint Jérôme pour attaquer les femmes, par exemples le *Carmen de Contemptu Mundi* attribué à Roger de Caen, ou la *Dissuasio Valerii* de Gautier Map, utilisée par Jean de Meun, mais leur prétexte était honnête, puisqu'ils s'adressaient à des moines, auxquels ils proposaient l'idéal de la vie

contemplative. Au contraire, chez André le Chapelain, après deux livres
où est prêché le respect absolu de la Dame, cette tirade fait l'effet d'une
effarante incohérence, et nous donne la tentation de voir dans tout le
mouvement de l'amour courtois un énorme jeu, cynique et cruel. On traite
la femme comme un enfant avec qui l'on joue pour le soumettre, en croyant
du reste qu'elle a besoin d'être soumise dans son propre intérêt, pour
être quelque peu allégée de ses vices naturels ; et cela donne bonne
conscience à l'homme pour attaquer la femme. Au XIIIe siècle, cette attaque se répand dans la littérature en langues vulgaires, avec toute une
série de "dits" satiriques : la *Blastenge des Femmes,* l'*Epître des femmes,* la *Contenance des Femmes, De la Femme et de la Pie, Clicheface*
(nom du monstre qui ne peut se nourrir que de femmes vertueuses, et qui
meurt de faim), l'*Evangile des Femmes.* Ce dernier opuscule utilise astu-
cieusement l'antiphrase : chaque strophe comporte trois vers d'éloges
ironiques des femmes, et le quatrième vers souligne l'ironie, par exemple
en tirant des précédents une conséquence ou une comparaison absurde.

    (Strophe 3) :
    Onques nul bien n'ama qui les fames n'ot chier !
    Lor vertuz et lor graces font a esmerveiller :
    Quar on les puet aussi reprendre et chatoier
    Que l'en porroit la mer d'un tamis espuisier.

Il est "aussi facile de *corriger* les femmes que de vider la mer avec
une passoire" : les hommes du XIIIe s. ont bien eu l'impression d'être
là devant un problème *pédagogique* insoluble ; les femmes sont pour eux
des êtres qu'il faut "acculturer" au monde masculin, comme les enfants
au monde des adultes ; malgré la vogue de "l'amour courtois", il ne leur
vient pas à l'idée de prendre la femme *comme elle est,* de chercher à la
comprendre, et Jean de Meun lui-même, malgré ses discours sur la "Nature", ne le fait guère. (Sur ces petits poèmes antiféministes, cf. Italo
Siciliano, *Villon et les thèmes poétiques du Moyen Age.*)

Dans la seconde moitié du XIIIe siècle, le thème anti-féministe tend à
s'appuyer sur un motif (littéraire ou social ?) difficile à comprendre pour
nous, et dont la signification profonde n'a pas encore été bien élucidée.
Déjà, Rutebeuf se présente comme ayant épousé une femme assez âgée
et peu jolie, qui lui fait mener une vie peu agréable. Chez d'autres auteurs, l'idée se précise : le mari (l'auteur) est un clerc, et la femme est
une veuve ; outre les inconvénients habituels du mariage, et ceux qui
viennent d'une femme un peu vieillissante, l'auteur est donc victime du
décret pris par le concile de Lyon (1274) contre les clercs "bigames",
qui sont privés de leurs privilèges financiers et judiciaires. Il semble
que l'Eglise ait cherché à réagir contre un abus : des étudiants tonsurés,
entrés ainsi dans le clergé, prenaient une profession séculière et se ma-
riaient, mais continuaient à bénéficier des privilèges du clergé. S'ils
n'avaient pas reçu les ordres majeurs, le droit canon ne permettait pas
de les réduire à l'état laïc pour un mariage simple ; mais il permettait de
le faire dans le cas de "bigamie", c'est-à-dire, en principe, si le clerc
s'était remarié après veuvage ; et il était admis (c'était la *bigamie inter-
prétative)* d'assimiler à ce cas celui du clerc dont la femme avait été
mariée deux fois, c'est-à-dire celui qui avait épousé une veuve. Deux
auteurs importants se sont trouvés dans ce cas (ou du moins ils le prétendent), tous deux dans le nord de la France : Adam de la Halle (à
Arras) et Mathieu de Boulogne-sur-mer. Adam, dans son *Jeu de la Feuillée,* fait, à ce propos, un portrait caricatural de sa *Maroie,* mais ne se
lance pas dans une longue diatribe contre les femmes en général. Au

contraire, "Matheolus" consacre à ce sujet l'essentiel de ses *Lamenta-tions* (1). Ce clerc, avocat à l'officialité de Thérouanne, écrit l'ouvrage vers 1295 pour pleurer la folie à laquelle l'amour l'a poussé : non seule-ment il a perdu ses privilèges de clerc, mais sa femme, Pétronille (ou plutôt, en français, Péronnelle) est devenue laide et acariâtre en vieillis-sant ; d'où un tableau de la femme vieillie, des femmes insupportables, du malheureux marié (*maritus* est rattaché à *mare* et interprété : "un hom-me à la mer") ; Mathieu va jusqu'à reprocher à Dieu d'avoir créé la femme ; Dieu lui répond que le mariage est le plus pénible des purgatoires, et que c'est donc autant de gagné pour après sa mort ; en effet, à la fin, on voit l'auteur reçu par les anges au ciel. Il est assez étrange que ce clerc, qui avait participé au concile de Lyon, se soit laissé entraîner ensuite à épouser une veuve, paraissant croire que les décisions ne seraient pas appliquées. Ce n'est pas le lieu de discuter l'authenticité de son aventu-re. En tous cas, il est certain que l'affaire des "clercs bigames" a relan-cé la polémique sur le mariage peu de temps après le *Roman de la Rose*. Il nous paraît assez paradoxal qu'un problème qui concerne spécifique-ment les laïcs (souvent appelés *conjugati* par les théologiens) soit parti-culièrement posé à propos des clercs. Mais c'est un fait général aux XIIe et XIIIe siècles : c'est surtout pour les moines et le clergé que l'on pose les grands problèmes moraux (cupidité, travail, chasteté, abstinence, etc.) ; on considère, en effet, que les privilèges dont bénéficient ces catégories sont compensés par de plus sévères exigences morales ; au contraire, on pense que les laïcs, en restant laïcs, ont renoncé par définition à la per-fection, et on leur demande moins.

Le poème de "Matheolus" avait eu peu de diffusion en latin, mais il en a eu beaucoup, au XIVe siècle, dans la traduction française de Jean Le Fèvre de Ressons. C'est aussi vers la fin du XIVe siècle qu'apparaissent les deux œuvres couronnant le courant anti-féministe : le *Miroir de Maria-ge* d'Eustache Deschamps, et les *Quinze Joyes de Mariage*, dont l'auteur n'est pas connu (2). Le *Miroir* est médiocre et peu original, mais le traité des *Quinze Joyes* est un petit chef-d'œuvre. Je renvoie, sur cet ouvrage, à l'excellente préface de l'édition J. Rychner (Genève, Droz, 1963) et au commentaire littéraire que j'ai donné d'un passage dans mon manuel *Fran-çais Médiéval*. L'auteur s'inspire beaucoup de Jean de Meun, auquel il emprunte même son leitmotiv du "poisson dans la nasse" (*Rose,* v.13 949-13 976), mais la comparaison peut aider à comprendre la *Rose,* l'auteur du XIVe siècle (suivant une tendance de ce siècle, relevée par Dom Knowles) poussant jusqu'au bout certains principes esquissés par celui du XIIIe. On peut relever cela sur trois points principaux.

D'abord, au lieu de s'attarder sur la débauche féminine, comme les au-teurs mineurs, ou sur le thème du vieillissement et de la laideur, comme Matheolus, l'auteur des *XV Joyes* utilise à fond le thème de la "seigneu-rie" esquissé par Jean de Meun. A vrai dire, il l'utilise dans un seul sens, en montrant la femme qui "mestroie" son mari, et qui fait de lui le *Pantof-felheld* des bandes dessinées modernes ; Jean de Meun, lui, insistait sur

1. cf. A.-G. VAN HAMEL. *Les Lamentations de Matheolus et le Livre de Leesce, de Jehan Le Fèvre de Ressons,* édition critique accompagnée de l'original latin des Lamentations, Paris, 1905, 2 vol.
2. L'espèce de charade donnant le nom de cet auteur me paraît signifier LORSON : pour les lettres L, R et S, cf. l'introduction de l'édition Rychner ; quant aux autres, je pense que la charade indique simplement leur forme : *le mon-de* = O (disque ou sphère, la terre et ronde), *deux pieds* = n. Malheureusement, je n'ai pas pu identifier ce "Lorson".

la réciprocité du problème, et c'était pour prêcher la liberté *à la femme*
que la "Vieille" développait l'image de la nasse, tandis que les *Quinze
Joyes* appliquent l'image au mari, s'inspirant plutôt, en somme, du discours de Génius que de celui d'Ami.

Ce parti-pris permet aussi à l'auteur une répartition parfaitement nette
de l'odieux et du ridicule, fâcheusement indistincts chez Juvénal : dans
les *Quinze Joyes,* la femme est à peu près totalement et uniquement
odieuse, le mari à peu près totalement et uniquement ridicule. Chez Jean
de Meun, ce ridicule du mari, si peu exploité par les autres auteurs anti-
féministes, était esquissé, mais le mari battant sa femme sombrait dans
l'odieux.

Enfin, l'auteur des *Quinze Joyes* va plus loin que Jean de Meun dans
la technique littéraire qu'il choisit, ou plutôt dans le but de son œuvre
et le type de discours auquel elle se rattache. J'ai appelé cet opuscule
un *traité*, bien que nos manuels d'histoire littéraire le classent à tort
dans les "romans et nouvelles". En effet, au lieu de raconter (au passé,
avec des noms propres) un cas *particulier* et imaginaire, comme le ferait
un romancier, l'auteur cherche à décrire (au présent, sans noms propres)
un cas *général;* il est amené, pour frapper l'imagination, à donner des
détails particuliers, mais, par peur d'oublier certaines possibilités réel-
les, il en propose plusieurs au choix, "suivant le cas", idée qu'il rend
par l'adverbe *maintenant* ou par la locution *à l'aventure.* M. Rychner a eu
l'excellente idée de rapprocher cette technique de celle des "manières de
langage", traités de conversation française à l'usage des étrangers ; on
pourrait rapprocher aussi de certains "coutumiers" juridiques, ou de traités de vénerie, mais il s'agirait encore là d'ouvrages "normatifs", disant
comment il *faut* faire, alors que l'auteur des *XV Joyes* a un souci descrip-
tif, "scientifique", si bien qu'on pourrait presque classer l'ouvrage dans
les traités médicaux. Le mariage est pour lui une sorte de maladie sociale, qu'il décrit comme on décrivait la peste ; un mal incurable et qu'on
peut seulement fuir. Jean de Meun n'allait pas jusqu'à la description "mé-
dicale" ; à mi-chemin entre le romancier et le savant, il utilisait le procédé du *récit typique,* fait au présent et sans noms propres (encore que le
séducteur soit nommé *Robichonnet),* mais en choisissant carrément une
situation particulière. Vrai moraliste, il ne présentait pas l'image d'un
mal incurable. Mais au temps des *XV Joyes,* ses théories deviennent
objet de polémique et on les caricature.

E. LA REACTION FEMINISTE.

En effet, c'est seulement au bout d'un siècle que le *Roman de la Rose*
commence à susciter la discussion, et cette discussion vient en particulier des femmes qui semblent se réveiller de la longue torpeur qui leur
faisait accepter les campagnes anti-féministes.

Nous avons vu combien l'époque "courtoise" maintenait la femme dans
une infériorité foncière, celle d'un enfant en somme, un enfant dont on
gronde le mauvais caractère, avec qui on joue au jeu de la "fine amour",
auquel elle participe franchement et naïvement. Mais il semble que les
choses aient changé du XIIe siècle à la fin du XIVe. Tout se passe comme si les femmes avaient progressivement pris conscience de ce rôle que
la littérature courtoise leur avait accordé, et où elles s'étaient d'abord

laissé prendre sans en mesurer les implications. On voit se multiplier les exemples de femmes à forte personnalité, personnalités atroces comme celle de la dame de Flavy, effroyable mégère qui fait égorger son mari et s'assied sur son cadavre, ou comme Isabeau de Bavière dont les mœurs scandaleuses sont légendaires, mais parfois aussi personnalités fermes et héroïques comme la reine Jeanne de Naples, Perrette de La Roche-Guyon qui soutient un siège contre les Anglais, Sainte Colette, et plus tard, bien entendu, Jeanne d'Arc.

C'est à l'époque même d'où semblent dater les *Quinze Joyes de Mariage* que se produit la réaction contre l'antiféminisme, sous l'impulsion de Christine de Pizan, principalement dans son *Epitre au dieu d'Amour* qu'elle a dû écrire en 1399. Elle y prend énergiquement la défense des femmes, en se plaignant, non seulement du mal que les hommes disent d'elles, mais des ruses par lesquelles ils les séduisent. C'est le point de départ d'une longue querelle où la mise en question de l'antiféminisme est liée à celle du *Roman de la Rose* tout entier. Christine de Pizan a contre elle les humanistes (Jean de Montreuil et les frères Col) ; elle est appuyée par le chancelier Gerson, qui s'en prend à toute la morale de Jean de Meun.

Dans son petit opuscule allégorique contre le Roman de la Rose *(Oeuvres complètes* publ. par Mgr. Glorieux, tome VII, Paris 1966, p. 301-314), Gerson montre l'œuvre de Jean de Meun mise en procès "a la court saincte de Crestienté", sous l'accusation de Chasteté. Celle-ci l'accuse de prêcher la débauche, de tenir des propos orduriers et de diffamer Raison. Elle formule ainsi un de ses chefs d'accusation contre "Fol Amoureux" (nom donné au narrateur du *Roman)* : "il veut deffendre et reprouver mariage sans excepcion, par un jaloux souspeçonneux, haineux et chagrigneux, par lui mesmes, et par les diz d'aucuns mes adversaires, et conseille plus tost a soy pendre ou noyer ou faire pechiés qui ne sont a nommer que soy joindre en mariaige, et blasme toutes femmes sans quelconques en oster, pour les rendre haineuses a tous les hommes, tellement que on ne les veulle prendre en foy de mariage". On s'attendrait à voir ensuite le défenseur de "Fol Amoureux" protester que celui-ci a emprunté à Saint Jérôme et à d'autres théologiens fort orthodoxes ses tirades contre les femmes et le mariage : or, chose étonnante, le plaidoyer ne fait aucune allusion à ce point de l'accusation. Le réquisitoire d'Eloquence Théologienne, en revanche, considère que "Fol Amoureux" a copié Ovide et Juvénal, mais qu'il n'a pas précisé comme eux qu'il s'attaquait seulement à certaines femmes : "il reprent toutes, blasme toutes, mesprise toutes sans aucune excepcion" ; il aurait dû au moins excepter les saintes vierges et martyres, et "la saincte des sainctes" (on voit ici l'écho du développement du culte de la Vierge au XIVe s.) ; son but, au fond, prétend Gerson, était de persuader aux femmes qu'elles sont débauchées par nature et inévitablement, pour les inciter ainsi à s'abandonner aux hommes. Les invectives contre la débauche, au lieu de se tourner en invectives contre les femmes comme dans la tradition, se tournent en invectives contre les séducteurs, représentés par "Fol Amoureux" : ainsi pour l'exemple rebattu de la guerre de Troie, causée "par une femme" chez la plupart des auteurs, mais par "Fol Amoureux" chez Gerson.

La femme n'est donc plus un de ces "biens de la terre" par lesquels vient la tentation diabolique, mais un sujet soumis lui-même à des tentations dont l'homme est responsable. La conception traditionnelle du mariage – institution sociale justifiée comme canalisation de la concupiscence – était remise en cause par le développement de la conscience morale (cf. chapitre 7), qui mettait en présence deux personnes responsables. Jean de Meun avait senti le problème, et proposé une solution "pacifiste", conseillant au mari de rester passif, de fermer les yeux ; dans le discours de Génius comme dans celui d'Ami, sa conception "égalitaire" du mariage est liée à un idéal de relations très superficielles, fondées sur les compromis, les apparences, les mensonges. Les *Quinze Joyes* semblent vouloir montrer les effets catastrophiques de ce "pacifisme" : suivant les recommandations d'Ami, le mari renonce à battre sa femme, mais le résultat est qu'il est lui-même battu. A première vue, la conclusion est purement négative, le mariage est condamné sans que lui soit opposé un idéal positif comme la virginité ou l'amour courtois ; et pourtant, les *Quinze Joyes* contribuent, à côté de Gerson, à faire progresser le problème en faisant de la femme un sujet responsable.

CHAPITRE 5

L'ORIGINE DU POUVOIR

Les vers 9557-9602 proposent une théorie de l'origine du pouvoir politique, et l'état de nos connaissances nous oblige à la considérer comme originale. On trouvera ici un dossier d'étude sur ce passage, comprenant les textes de l'Antiquité qui représentent la tradition où il s'insère, et trois exemples de la façon différente dont le problème était envisagé à la même époque. Un bref commentaire servira ensuite à replacer Jean de Meun par rapport à ses "sources" et à éclairer les angles sous lesquels apparaît son originalité.

A. LES TEXTES (DE LUCRECE A BEAUMANOIR).

● 1. Lucrèce, *De Natura rerum*, V, 1105-1114 (éd. Martin, Teubner 1963, p. 216) :

> Inque dies magis hi victum vitamque priorem
> Commutare novis monstrabant rebus et igni,
> Ingenio qui praestabant et corde vigebant
> Condere coeperunt urbes, arcemque locare,
> Praesidium reges ipsi sibi perfugiumque ;
> Et pecus atque agros divisere atque dedere
> Pro facie cujusque et viribus ingenioque ;
> Nam facies multum valuit. viresque vigebant.
> Posterius res inventa est, aurumque repertum,
> Quod facile et validis et pulchris dempsit honorem :
> Divitioris enim ˙sectam plerumque sequuntur
> Quamlubet et fortes et pulchro corpore creti.

● 2. Sénèque; *Lettres à Lucilius*, XC, § 4-5 (éd. F. Préchac et trad. H. Noblot, Paris, Belles-Lettres, tome IV, 1962 p. 28-29).

TEXTE :

4 Sed primi mortalium quique ex his geniti naturam incorrupti sequebantur, eundem habebant et ducem et legem, commissi melioris arbitrio. Naturae est enim potioribus deteriora summittere. Mutis quidem gregibus aut maxima corpora praesunt aut vehementissima. Non praecedit armenta degener taurus, sed qui magnitudine ac toris ceteros mares vicit ; elephantorum gregem excelsissimus ducit : inter homines pro *summo* est optimum. Animo itaque rector eligebatur, ideoque summa felicitas erat gentium in quibus non poterat potentior esse nisi melior : *tuto* enim quantum

uult potest, qui se nisi quod debet non putat *posse*. 5 Illo ergo saeculo quod aureum perhibent, penes sapientes fuisse regnum Posidonius iudicat. Hi continebant manus et infirmiore*m* a ualidioribus tuebantur, suadebant dissuadebantque et utilia atque inutilia monstrabant. Horum prudentia ne quid deesset suis prouidebat, fortitudo pericula arcebat, beneficentia a*u*gebat ornabatque subiectos. Officium erat imperare, non regnum. Nemo quantum posset aduersus eos experiebatur per quos coeperat posse, nec erat cuiquam aut animus in iniuriam aut causa, cum bene imperanti bene pareretur nihilque rex maius minari male parentibus posset quam ut abiret e regno. 6 Sed postquam subrepentibus uitiis in tyrannidem regna conuersa sunt, opus esse legibus coepit, quas et ipsas inter initia tulere sapientes.

TRADUCTION

4 Les premiers mortels et les fils des premiers mortels suivaient ingénument la nature. Un homme était leur guide et leur loi : le meilleur d'entre eux, aux volontés duquel ils s'en remettaient ; car l'intention de la nature est de soumettre à ce qui vaut le mieux ce qui vaut le moins : c'est ainsi que les groupements de bêtes brutes ont pour chef le représentant de l'espèce le plus grand ou le plus fort. Ce n'est pas un taureau dégénéré qui marche à la tête du troupeau ; c'est celui qui par sa taille et ses muscles l'emporte sur les autres mâles ; l'éléphant le plus haut de stature conduit la harde. Chez les hommes, la suprématie est l'apanage de la supériorité morale ; c'était donc pour ses qualités personnelles que le chef était choisi : de la sorte, les peuples jouissaient d'une parfaite félicité, quand, pour être le plus puissant, il fallait y être le meilleur : on n'a rien à craindre d'un pouvoir sans limites, quand celui qui l'exerce ne croit pouvoir que ce qu'il doit. 5 Dans ce siècle dénommé l'âge d'or, la royauté était donc exercée par les sages, comme le pense Posidonius. Ils tenaient la violence en bride et défendaient le faible contre le fort ; ils exhortaient et dissuadaient, ils signalaient l'utile et le nuisible. Leur prudence pourvoyait à ce que rien ne manquât à ceux dont ils avaient charge ; leur valeur écartait les périls ; leur bienfaisance améliorait, embellissait l'existence de leurs peuples. Gouverner, ce n'était pas régner, c'était servir. Jamais on n'essayait la force de son pouvoir contre les hommes de qui ce pouvoir émanait, comme aussi nul n'avait ou l'intention ou l'occasion de mal faire : le chef savait commander, les sujets savaient obéir, et la plus grande menace qu'un roi pouvait adresser à son peuple en cas de désobéissance, c'était de se démettre. 6 Cependant lorsque les sourds progrès de la corruption eurent transformé en tyrannie la monarchie, il fallut des lois. Dans les commencements elles eurent encore des sages pour auteurs.

● 3. Saint Irénée (fin du IIe s.), *Contra Haereses,* V, 24, 2 (Patrol. Grecque VII, 1187 A-C) :

Quoniam enim asistens a Deo homo in tantum efferavit, ut etiam consanguinem hostem sibi putaret, et in omni inquietudine, et homicidio, et avaritia sine timore versaretur, imposuit illi Deus humanum timorem (non enim cognoscebant timorem Dei) ut potestati hominum subjecti, et lege eorum adstricti, ad aliquid assequantur justitiae, et modererentur ad invicem (...) Ad utilitatem ergo gentilium terrenum regnum positum est a Deo, sed non a diabolo, qui nunquam omnino quietus est, immo qui nec ipsas quidem gentes vult in tranquillo agere.

● 4. Saint Augustin, *Cité de Dieu,* IV, 4 (trad. G. Vidal, Arras 1930, p. 74-75) :

Si l'on écarte la justice, les royaumes sont-ils autre chose que d'immenses troupes de brigands ? Et les troupes de brigands sont-elles autre chose que de petits royaumes ? Elles sont aussi des groupements d'hommes, obéissant aux ordres d'un chef, liés par un pacte social, soumis à certaines conventions pour le partage du butin. Supposez que ce mauvais noyau grossisse par l'apport de malfaiteurs, au point d'occuper des contrées, fonder des postes, s'emparer des villes, subjuguer des peuples, il se donne alors ouvertement le nom de royaume que lui attribue déjà publiquement non sa cupidité assouvie, mais l'impunité conquise.

● 5. Boèce, *Consolation de la Philosophie,* II, prose 4 (éd. Peiper, Teubner, 1871, p. 58) (début du VIe s.) :

"Sed dignitates honorabilem reverendumque cui provenerint reddunt. Num vis ea est magistratibus, ut utentium mentibus virtutes inserant, vitia depellant ?" – "Atqui non fugare, sed illustrare potius nequitiam solent ! quo fit, ut indignemur eas saepe nequissimis hominibus contigisse. Unde Catullus licet in curuli Nonium sedentem strumam tamen appellat".

– commentaire de Rémi d'Auxerre (fin IXe s.) (Silk, *Saeculi noni auctoris ... commentarius,* p. 129) :

Catulus poeta nobilis Veronensis Nonium dignitatem consularem deturpantem in praesentia populi strumam despective appellavit, sive quod gibbosus esset, sive quod sicut gibbus dorsum totumque hominem ita ille dignitatem turpiter vivendo deturparet.

– traduction de Boèce par Jean de Meun (éd. Dedeck-Hery, in *Medieval Studies,* 1952) :

Mais dignitez font elles honorable et redoutable celui a qui elles viennent ? N'ont pas les seignories si grans forces que elles mettent vertuz es pensees de ceulz qui des seignories usent, et leur ostent leurs vicez? Certez elles ne seulent pas la felonie chacier, ainçois la seulent plus demonstrer. Dont il avient que nous avons desdaing de ce que les dignitez sont souvent donnees aus tres felons hommes ; dont Catulus appela apostume, c'est a dire boce, un des conseillers qui avoit non Nonius, ja soit ce que il fust assis ou siege de sa dignité.

● 6. Isidore de Séville, *Sententiae,* III, 47 (PL 83, 717) :

Ita et gentibus principes regesque electi sunt ut terrore suo populos a malo coercerent, atque ad recte vivendum legibus subderent.

● 7. Gossouin, *L'Image du Monde,* rédaction en prose (date : 1246?), I, 6 (éd. Prior, Lausanne 1913, p. 77) :

Clergie regne orendroit a Paris, si comme ele fist a Athenes, une cité de grant noblesce. Li philosophe, qui lors estoient et qui les autres devoient aprendre et ensaingnier, ne poserent selonc leur sens que trois manieres de gens au monde : ce furent clers et chevaliers et laboureeurs de terres. Li gaaingneeur de terres doivent querre aus autres II ce que mestier leur est pour vivre au monde honnestement. Et li chevaliers les doivent garder et deffendre comme bon serjant, que il ne facent tort les uns aus autres. Et li clers doivent ensaingnier ces II manieres de genz et les doivent adrecier de leurs euvres, si que nus ne face chose dont il perde Dieu ne sa grace. Ainsi poserent trois manieres de genz ça en arrieres li sage philosophe au monde, comme cil qui bien sorent que nul ne pourroit metre son courage a ce qu'il peüst estre bien sages a droit en deus aferes ou en trois...

● 8. Brunet Latin, *Li Tresors,* I, 17-18 (éd. Carmody, Berkeley 1948, p. 30-32) (date : vers 1265).

Puis que li mauvés angeles ot trové le mal et decheü le premier homme, son pechié enrachina sor l'umain lignage, en tel maniere, les gens qui après nasquirent estoient assés plus courant au mal que au bien. Et por restraindre le mal k'il faisoient contre la reverence de Dieu en destruction de l'umanité, covint ke loi fust faite en tiere, et ce fu en II manieres, c'est loi divine et loi humaine. Moyses fu li premiers ki bailla la loi as Ebreus, et li rois Foroneus fu li premiers ki le bailla as Grezois, Mercurius as Egyptiens, Salon as Athenes, Ligurgus as Troiens, Numma Pompalie, ki regna apres Romolus en Rome, et puis ses fius, bailla et fist lois as Romains premierement. (...) mais por çou ke comander u establir loi poi vaut entre les homes s'il ne fust aucuns ki le peûst constraindre a garder la loi, covient ke pour essaucier justice et pour mortefiier le tort fait fuissent establiz rois et signour de maintes manieres ; por çou est il bon a deviser le comencement et la naissance des rois de la tiere, et de lor roiaumes.

● 9. Philippe de Beaumanoir, *Coutumes de Beauvoisis* (date : vers 1275), § 1453 (éd. Salmon, Paris, 1899-1900, tome 2 p. 234).

(Les deux paragraphes précédents expliquent le statut juridique des "trois estas" : gentilshommes, hommes libres, serfs).

Comment que pluseur estat de gens soient maintenant, voirs est qu'au commencement tuit furent franc et d'une meisme franchise, car chascuns set que nous descendismes tuit d'un pere et d'une mere. Mes quant li pueples commença a croistre et guerres et mautalent furent commencié par orgueil et par envie, qui plus regnoit lors et fet encore que mestiers ne fust, la communeté du pueple, cil qui avoient talent de vivre en pes, regarderent qu'il ne pourroient vivre en pes tant comme chascuns cuideroit estre aussi grans sires l'uns comme l'autres ; si eslurent roi et le firent seigneur d'aus et li donnerent le pouoir d'aus justicier de leur mesfés, de fere commandemens et establissemens seur aus ; et pour ce qu'il peûst le pueple garantir contre les anemis et les mauvés justiciers, il regarderent entre aus ceus qui estoient plus bel, plus fort et plus sage, et leur donnerent seignoirie seur aus en tel maniere qu'il aidassent a aus tenir en pes et qu'il aideroient au roi, et seroient si sougiet pour aus aidier a garantir. Et de ceus sont venu cil que l'en apele gentius hommes, et des autres qui ainsi les eslurent sont venu cil qui sont franc sans gentillece.

(La suite explique comment des hommes sont devenus serfs.)

B. L'ORIGINALITE DE JEAN DE MEUN.

Le problème des origines du pouvoir peut s'envisager de trois points de vue : du point de vue des principes théoriques, indépendamment de l'évolution historique, quand on cherche sur quoi repose juridiquement ou moralement le pouvoir politique (ainsi Rousseau dans le *Contrat Social*) ; du point de vue de l'Histoire mythique ou hypothétique, lorsqu'on reconstruit par la pensée la naissance du pouvoir dans l'humanité primitive (ainsi Rousseau dans le *Discours sur l'Inégalité,* qui s'inspire, directement ou non, de notre texte) ; enfin, d'un point de vue proprement historique, quand on rattache cette naissance à telle époque précise de l'histoire sacrée ou profane.

Du VIIIe au XIIe siècle, le problème n'a guère été posé que du premier point de vue : il s'agissait de savoir dans quelle mesure le pouvoir temporel était délégué aux rois par Dieu, et, par conséquent, dans quelle

mesure les chrétiens étaient tenus de lui obéir. Certains insistaient sur
l'origine divine, à la suite de Saint Irénée (qui avait esquissé le second
point de vue) ; la formule d'Isidore de Séville résume les idées de Grégoire le Grand, plutôt favorable à cette orientation. Saint Augustin, au
contraire, insistait sur ce qu'il y a d'intrinsèquement mauvais dans le
pouvoir des princes temporels : Dieu "n'a pas voulu que l'être raisonnable fait à son image dominât sur d'autres êtres que les êtres irraisonna-
bles" ; il n'a pas voulu "que l'homme dominât sur l'homme, mais l'homme
sur la bête. Ainsi les premiers justes furent-ils plutôt faits pasteurs de
troupeaux que rois des hommes, et Dieu nous insinue même par là ce que
demande l'ordre des créatures, ce que nécessite le mérite des pécheurs"
(*Cité de Dieu,* XIX, trad. citée p. 537). Sa distinction entre "Cité de
Dieu" et "cité terrestre" est abstraite et difficile à saisir, mais les clercs
du Moyen Age en ont eu souvent une interprétation simpliste et fausse,
d'après laquelle les puissances temporelles sont quelque chose de per-
vers, et doivent être soumises au pouvoir des évêques et du Pape.

Lorsqu'on recommence, au XIIIe siècle, à donner une dimension historique aux grands problèmes moraux et sociaux, la problématique théorique
des siècles précédents pèse encore lourdement sur l'apparente objectivité du nouveau point de vue. Ainsi, chez Jean de Meun, le problème des
origines du pouvoir reste au plan de l'histoire hypothétique, et fortement
coloré par le point de vue des principes intemporels. Il rejoint ainsi la
perspective des philosophes de l'Antiquité, qui situaient le problème au
sein du mythe des "quatre âges", l'humanité primitive ayant dégénéré
depuis "l'âge d'or" jusqu'à "l'âge de fer", mythe si voisin de la doctrine
du péché originel que le christianisme médiéval a pu le reprendre sans
mauvaise conscience.

Ce mythe est un des thèmes favoris de Jean de Meun : toute étude
sérieuse du discours d'Ami, où il encadre l'épisode du jaloux (vers 8325-
8424 et 9463-9634) impliquerait une comparaison détaillée avec les passages analogues du discours de Raison (5429-5443 et 5505-5520), du
discours de la Vieille (13845-14007) et du second discours de Genius
(20002-20172). Dans ces trois discours, il s'agit aussi de la transition
de la Nature à la Culture, mais le problème du pouvoir politique n'y est
pas posé : Genius montre Jupiter usurpant le trône de son père Saturne
par des procédés démagogiques (20065), mais il ne s'agit pas vraiment
de la *naissance* de *tout* pouvoir, et cet épisode mythologique semble servir surtout à Jean de Meun pour montrer les atteintes portées à la Nature
sous la forme de la castration, forme typique pour lui qui voit toujours la
Nature sous son aspect génétique ; quant à Raison, elle explique seulement l'établissement des juges, et la Vieille celui du mariage. Même
dans le discours d'Ami, il faut noter que le passage qui nous intéresse
est inutile au raisonnement : on pourrait sauter sans inconvénient du vers
9564 au vers 9607, la création du pouvoir politique semblant n'avoir rien
résolu dans la perversion morale de l'humanité.

Jean de Meun rejoint ainsi le pessimisme des épicuriens comme Lucrèce ; mais celui-ci ne voyait une véritable institution que dans l'apparition
des lois, le pouvoir des rois étant pour lui un fait de nature antérieur,
résultant d'une usurpation et non d'un contrat. Il est très improbable que
Jean de Meun ait lu le texte du *De Natura rerum,* dont il n'existait sans
doute alors aucun manuscrit en France ; mais le rapprochement est
intéressant, parce que Lucrèce pense déjà que les rois et les puissants
ont été d'abord les plus forts et les plus beaux, non les plus sages.

Sénèque, au contraire, nous transmet la théorie stoïcienne optimiste, qu'il attribue à Posidonius : dans cette théorie, la royauté remonte à l'âge d'or, et non à la dégénérescence ultérieure de l'humanité, et les rois étaient automatiquement les plus sages ; ce sont les lois (plus importantes que les rois dans la philosophie de la cité antique) qui représentent une thérapeutique contre l'inconduite de l'âge de fer.

Dans le reste de ses développements sur le mythe, Jean de Meun s'inspire surtout des textes classiques de Virgile (*Géorg.* I 125-159) et d'Ovide (*Métam.* I 89-162) ; mais ces deux auteurs ne parlent pas de l'origine du pouvoir. Malgré l'heureux rapprochement tenté par M. Lecoy avec quelques vers d'Horace (cf. sa note p. 277), il est donc probable qu'ici Jean de Meun s'inspire de Sénèque (auteur très estimé à son époque), quelles que soient les différences entre sa thèse et celle de Posidonius. On n'aura pas bien rendu compte de ces différences quand on aura dit que notre auteur déplace l'origine des rois de l'âge d'or à l'âge de fer, en s'inspirant de la théorie chrétienne (Saint Irénée) qui donnait aux rois le rôle "thérapeutique" reconnu aux lois par les philosophes. En fait, Jean de Meun dévie à la fois le récit de Sénèque dans deux sens, dont l'un renforce le rôle de la Nature et l'autre celui de la culture.

D'abord, on pourrait dire que sa lecture de Sénèque s'arrête aux éléphants : il refuse d'admettre que le cas des hommes soit différent de celui des animaux et que, chez nous, ce soit "le plus sage" que la nature impose comme chef. Quand il décrit le "grand vilain" comme "le plus corsu et le greigneur", il traduit probablement l'expression "aut maxima corpora aut vehementissima" que Sénèque appliquait aux taureaux et aux pachydermes. Mais cette expression lui avait peut-être évoqué un type de personnage fréquent dans la chanson de geste, et qui y joue un rôle de chef, baron franc ou roi païen, le géant brutal et un peu ridicule (Rainouart du *Moniage Rainouart,* Rigaut de *Garin le Loherain,* Corsolt du *Couronnement Louis,* etc.) ; ce personnage, parfois explicitement "fils de vilain", semble souvent représenter la nature face à la culture, et en même temps les méthodes d'une morale sociale purement militaire, "précourtoise" (voir, sur Rigaut, J. Grisward dans les *Actes du IVe congrès de la Soc. Rencesvals,* Heidelberg 1969, p. 218). Sauf quand c'est un Sarrazin "diable vivant", il a toujours quelque ambiguïté morale : ses qualités sont purement physiques, est-il donc mauvais par ailleurs ?

Ici, de même, on peut hésiter sur les intentions de Jean de Meun. A première vue, pour les lecteurs du *Roman de la Rose,* ce "grant vilain" rappelle trop le méchant *Dangier* (cf. vers 2904-2929, 3651-3745) pour être recommandable (notons que cette parenté est logique : *dangier* vient de *domniarium,* "attitude de seigneur" ; le rôle du roi primitif est de "faire dangier" aux malfaiteurs). Notre poète voulait-il suggérer par la rusticité physique une certaine laideur morale, rejoignant ainsi le point de vue augustinien défavorable aux rois, sous une forme pittoresque ? On pourrait penser qu'il se souvient vaguement ici du rapprochement entre laideur physique et laideur morale établi par Boèce dans l'œuvre célèbre qu'il a précisément traduite en français, rapprochement souligné par le commentaire de Rémi d'Auxerre que Jean a dû utiliser pour cette traduction (cf. n° 5 du dossier). Certes, son vilain est *ossu* et non *boçu* comme Nonius, mais, chez un amateur de rimes équivoquées comme notre poète, le premier mot a pu venir parce que le second chantait à ses oreilles.

Pourtant, Jean de Meun voyait-il vraiment son "grant vilain" du mauvais œil dont Catulle voyait Nonius ? Guillaume de Lorris n'a pas voulu faire de Dangier un personnage entièrement antipathique (cf. 3116-3120). Ici, on peut se demander si son continuateur ne propose pas une sorte de

modèle caricatural. Il fait de son "premier roi" l'antithèse du roi réel de
son époque, du noble et doucereux Saint Louis, protecteur des ordres
mendiants qu'il exécrait. Voudrait-il montrer à ce roi (ou à son fils, s'il
écrit après 1270), avec une exagération comique, que son rôle normal est
celui d'un garde-champêtre, grand, fort et brutal, et non celui d'un papelard s'acoquinant avec Faux-Semblant ? on peut tout au moins dire que ce
passage ne se justifie, dans l'ensemble du discours d'Ami, que s'il tend
à montrer comment la "seigneurie" (et le "dangier") doit rester une fonction physique au rôle extérieur et limité, et non pas envahir toute la vie
sociale, puisqu'il s'agit avant tout de la bannir des relations entre l'homme et la femme (cf. chapitre précédent).

De cette façon, le rôle proprement culturel de la "seigneurie" est mini-
misé. Jean a décalé la naissance du pouvoir royal vers l'âge de fer, mais
ce pouvoir reste un fait de nature comme chez Lucrèce et plus que chez
Sénèque : en le créant, les hommes de l'âge de fer tentent d'utiliser au
mieux leurs capacités purement physiques. Cependant, cette utilisation
se fait par la voie d'une *élection,* et cette seconde innovation par rapport
à Sénèque nous paraît infléchir le mythe dans le sens de la culture. Non
seulement une première assemblée choisit le roi, mais une seconde décide "démocratiquement" l'institution des contributions (contrairement à ce
que dira vers 1300 l'auteur de *Placides et Timeo,* pour qui les impôts
résultent de l'arbitraire odieux du premier roi, Nemrod). Y a-t-il là un coup
de chapeau de notre auteur, homme de ville et non de cour, aux communes
alors en plein développement ? Il y a plutôt un écho du mouvement idéologique "parlementaire" du XIIIe siècle, qui a surtout servi à affirmer les
souverainetés nationales et laïques face aux prétentions pontificales (cf.
Le Goff, *Le Moyen Age 1060-1330* p. 194-196), et qui a été utilisé par la
féodalité anglaise contre la royauté au début du siècle (*Magna Carta* de
1215) et plus tard par la royauté française contre les féodaux : les pouvoirs du roi en face de ces derniers sont fondés, selon Beaumanoir, sur
l'appui d'un "très grand conseil", qui deviendra les "Etats généraux"
sous Philippe le Bel. Certes, le système de l'*élection* du roi était très
traditionnel, les Papes l'avaient même longtemps préféré à l'hérédité (du
reste, c'était un système ecclésiastique : élection de l'évêque dans les
chapitres, de l'abbé dans les abbayes) ; mais, pour la tradition, ce n'é-
tait ni l'élection ni la naissance qui *faisait* le roi, c'était le sacre, l'onc-
tion royale, alors qu'ici l'élection suffit, la royauté n'a plus rien de sacré.
Il y a donc bien ici l'ébauche de la théorie contractuelle sur laquelle
cherchera à s'appuyer, pour rester indépendante de l'Eglise, la monarchie
de "droit divin", mais qui se retournera contre elle.

Faut-il voir aussi dans cette orientation une influence d'Aristote, les
deux traductions de la *Politique* par Guillaume de Moerbeke répandant
alors dans l'Université de Paris ce que W. Ullmann appelle la "théorie
ascendante", celle qui fait venir le pouvoir du peuple et non de Dieu ? En
fait, l'influence d'Aristote est peu sensible ici, car, pour lui, la vie politique et l'unité de la cité ne sauraient être dérivées tardivement d'un
contrat institutionnel, elles sont inscrites dans la nature, théorie reprise
par Saint Thomas. La conception contractuelle de la société politique
nous paraît "moderne" chez Jean de Meun, et en effet, plus tard, chez
Grotius, elle s'opposera à la conception charismatique ; mais au XIIIe s.,
en face de l'aristotélisme, elle devait paraître plutôt appuyer cette
conception charismatique : l'élection du premier roi était le remède voulu
par Dieu aux conséquences de la chute, alors que le naturalisme aristo-
télicien considérait qu'il y a une organisation politique dès le principe

même de l'humanité, idée que tend à approuver l'anthropologie moderne.

On pourrait donc voir dans Jean de Meun un attardé qui ne sait pas encore, comme Saint Thomas (pourtant son voisin à Paris d'après la légende !) se dégager de la conception "thérapeutique" de l'ordre social. Mais nous avons vu que cette thérapeutique lui apparaissait tout de même sous un jour laïque et naturaliste, le "grant vilain" ayant des capacités naturelles et non une grâce surnaturelle. On peut donc se demander si notre poète, devant l'alternative qui devait paraître alors irréductible entre une théorie naturelle et une théorie culturelle du pouvoir, n'a pas eu l'intuition de notre point de vue moderne où les deux théories se reconcilient dans l'idée que la "nature", pour les êtres vivants et surtout pour l'homme, n'est pas un ordre établi au départ, mais la perpétuelle réorganisation d'un désordre, ce désordre même étant indispensable à son progrès (cf. en dernier lieu Edgar Morin, *Le paradigme perdu : la nature humaine,* éd. du Seuil, 1973, ouvrage dont la théorie de l'humanité primitive est intéressante à comparer à celle du *Roman de la Rose*). Jean de Meun n'oppose-t-il pas Nature à Raison ?

Chez ses contemporains, le thème de l'origine du pouvoir n'est généralement pas lié à une philosophie aussi profonde, mais son apparition fréquente montre que le problème inquiétait alors les esprits. Deux remarques amorceront une comparaison entre leurs théories et celles de Jean de Meun. D'abord, celui-ci, déjà très éloigné des conceptions féodales, charge de l'ordre public un roi rémunérant des "serjanz", fonctionnaires et mercenaires, et non un "ordre des chevaliers", une classe dirigeante destinée à cette fonction, comme la plupart des théoriciens depuis l'an mille (cf. G. Duby, *Guerriers et paysans,* NRF 1973, et mon article dans les *Annales Ec. Soc. Civ.* de septembre 1963) ; il rejoint en cela Brunetto Latini, mais ce dernier était italien, et, dans son pays, l'opposition entre classe des chevaliers et laïcs non-nobles était beaucoup moins nette qu'en France et en Allemagne. En France, la théorie classique des "trois ordres" était déjà placée dans une perspective historique dans la *Bible Hugues de Berzé* (vers 1220), et dans l'*Image du Monde* : ces deux ouvrages s'interrogeaient sur la naissance de l'aristocratie, non sur celle de la royauté. Et Beaumanoir, qui connaît peut-être le texte de Jean de Meun et cherche à le rectifier dans un sens plus féodal, y transforme la seconde étape de l'instauration du pouvoir : elle ne consiste plus à aider le roi par des impôts, mais par l'établissement d'une classe nobiliaire. Beaumanoir en profite pour protester contre l'idée du "grant vilain", en affirmant, lui, que les nobles sont choisis parmi "les plus beaux et les plus sages", et non pas seulement les plus forts (cf. la liaison classique beauté-noblesse dans le roman courtois ; Beaumanoir est aussi romancier). C'est un théoricien au service de la monarchie, mais il ne conçoit celle-ci qu'appuyée sur la noblesse, dont il justifie les prétentions. Notre poète, au contraire, s'amuse à souligner que le premier roi était forcément pris dans les "vilains", et chargera plus tard Nature de développer longuement le vieux lieu commun de la "vraie noblesse" qui est celle du cœur et non de la naissance (18558-18884).

L'autre différence entre Jean de Meun et ses contemporains, c'est que beaucoup de ceux-ci (sauf Beaumanoir) veulent aller plus loin que l'histoire mythique et hypothétique, et insérer l'origine du pouvoir dans l'histoire positive, la rattacher à une période ou à un personnage déterminé. Ainsi Hugues de Berzé, de façon simpliste et naïve, attribue au Christ l'institution des "trois ordres"; maître Gossouin l'attribue aux philosophes athéniens de l'Antiquité ; Brunet Latin imagine pour chaque peuple un "législateur" selon les vues courantes des Anciens. Mais c'est surtout avec la Bible que l'on cherche à concilier l'histoire hypothétique. Une tradition faisait de Caïn le premier roi, en s'inspirant de Saint Augustin ; plus souvent, on préfère cependant Nemrod, considéré par l'exégèse comme roi de Babel, ou Ninus, fondateur mythique de Ninive (cf. la théorie complexe du *Livre d'Enanchet* : Nemrod premier roi, Ninus fondateur de la chevalerie). Il faudrait suivre de près, en particulier dans la littérature latine du Moyen Age, le succès de ces deux personnages ; je n'ai fait que poser des jalons pris dans les œuvres de langue vulgaire antérieures à 1280.

En tout cas, le désir d'avoir une vue historique précise des faits, c'est-à-dire d'accorder le mythe des quatre âges ou le thème des trois états avec la Bible et avec les historiens anciens, devient de plus en plus vif vers la fin du XIIIe siècle. Jean de Meun, dans notre passage, en reste au niveau du mythe, auquel il accorde sans doute, comme Platon, une valeur plus philosophique qu'historique ; et Rousseau n'hésitera pas, malgré les progrès de la science, à garder la même méthode pour exposer une thèse analogue et plus approfondie.

CHAPITRE 6

RICHESSE ET PAUVRETE

Le problème de la richesse et de la pauvreté occupe une place importante dans la partie centrale du *Roman de la Rose*. Pour étudier ce que Jean de Meun en dit, il faut se référer, non seulement à la situation économique de son époque, mais aux attitudes morales de ses contemporains.

A. RICHESSE ET PAUVRETE AU XIIIe SIECLE : LA SITUATION ECONOMIQUE.

Après une longue stagnation, l'Occident connaît aux XIIe et XIIIe siècles une rapide expansion économique (cf. l'ouvrage de Jacques Le Goff indiqué dans la bibliographie), affectant à la fois l'agriculture, l'artisanat et le commerce. Cet essor est dû à de nombreuses causes, parmi lesquelles il faut noter la pacification politique (essor des monarchies diminuant les guerres privées et facilitant les communications) et un certain nombre de progrès techniques.

Dans l'agriculture, il s'agit moins d'inventions subites à effet rapide que de la diffusion progressive de certaines méthodes, qui apparaissent quelquefois dès le Xe siècle : l'assolement triennal, qui fait passer de 50 à 66 % l'utilisation des terres et entraîne l'extension des légumineuses dans l'alimentation ; le collier d'attelage des chevaux, qu'on commence à utiliser pour le labourage à la place des bœufs dont le rendement est plus faible ; la charrue de métal à roues et à versoir, les haches de fer et la scie hydraulique, qui facilitent les défrichements. Ceux-ci se multiplient du début du XIIe siècle jusqu'au milieu du XIIIe. Les rendements agricoles augmentent, les cultures se diversifient, l'alimentation est plus riche en protéines. Les famines sont moins fréquentes aux XIIe et XIIIe s. qu'au XIe et au XIVe.

L'artisanat profite en commun avec l'agriculture de certaines nouveautés (cf. LYNN WHITE, *Technologie médiévale et transformations sociales,* trad. fr., Mouton, 1969). Les principales sont le moulin à eau, dont les premières formes remontent à l'Antiquité, et le moulin à vent, plus récent, tous deux rendus utilisables par le perfectionnement de l'arbre à cames et de la manivelle, qui transforment un mouvement rotatif vertical en un mouvement alternatif horizontal. A côté des moulins servant à moudre les grains, d'autres servent à fouler les draps. L'industrie textile profite aussi des améliorations du métier à tisser, et du remplacement de la quenouille par le rouet ; les villes du Nord de la France doivent leur développement rapide à la fabrication des "draps" de laine. Le développement de l'armement entraîne celui de la métallurgie ; le fer, très cher, commence même à être utilisé pour certaines pièces de l'outillage agricole.

Le commerce médiéval consiste essentiellement, bien entendu, à transporter des marchandises d'une région à une autre, transport très lent sur terre avec les charrois à bœufs, un peu plus facile par eau où l'on voit aussi des progrès techniques décisifs, les principaux étant le gouvernail d'étambot et la boussole. Limité jusque-là aux produits de luxe, le commerce s'étend maintenant à des marchandises usuelles comme les tissus de laine, facilité par l'accroissement de la sécurité ; les monarchies le protègent. Les grandes foires de Champagne (Lagny, Bar, Provins, Troyes) assurent un contact quasi-permanent entre les zones industrielles du Nord et celles d'Italie ; elles jouent aussi un rôle financier, comme échéances de crédit et chambres de compensation.

L'économie, en effet, redevient monétaire : les pays d'Occident frappent des "gros d'argent" et même des monnaies d'or (privilège réservé jusque là à Constantinople avec le *besant*) ; les paysans commencent à régler leur seigneur en numéraire ; un système bancaire se développe avec les "Lombards" italiens et les maisons de l'ordre du Temple (qui recueillent, en principe, les dons pour les Croisades). Indispensable au commerce, le prêt à intérêt se développe malgré les condamnations de l'Eglise.

On passe donc d'une société sous-développée à une société en voie de développement, et, comme il arrive souvent en pareil cas, l'éventail des niveaux de richesse s'élargit. Une aristocratie s'était constituée aux XIe et XIIe siècles par la fusion entre la classe des "princes" et celle des petits chevaliers ; mais cette fusion ne rend que plus douloureuses les différences de revenus qui s'accentuent, à partir du milieu du XIIe siècle, entre haute et basse noblesse. Certes, tous les seigneurs sont touchés par l'accroissement du pouvoir royal qui les prive de revenus judiciaires, monétaires et coutumiers, et par l'accroissement de leurs dépenses pour soutenir un train de vie plus luxueux, construire des châteaux-forts et financer les Croisades. Mais les grands seigneurs compensent généralement ces désavantages en appuyant le roi, en recueillant les bénéfices de la prospérité économique, et en profitant des difficultés des petits chevaliers, qui, eux, s'endettent et finissent souvent par vendre leurs terres ou changer leurs alleux en fiefs. Réfugiés dans leurs châteaux de pierre, les grands barons, moins occupés par la guerre, raffinent sur les plaisirs pacifiques : chasses, jeux, cérémonies.

Dans les campagnes, malgré une élévation générale du niveau de vie, l'accroissement démographique n'est pas toujours compensé par celui des rendements agricoles ; le "manse" ne suffit plus à faire vivre une famille et il est divisé par les héritages ; la prétendue "croisade des enfants" de 1212 a été en réalité une croisade de "cadets", de jeunes paysans sans moyens d'existence qui allaient chercher l'aventure. Le paiement des rentes foncières en argent, les exactions de certains seigneurs, entraînent l'endettement de beaucoup de paysans. La paysannerie se différencie : à côté du petit tenancier à qui son bout de terre donne de quoi vivre et payer son seigneur, apparaissent une classe inférieure d'ouvriers agricoles qui doivent "se louer" moyennant salaire pour gagner leur vie, et une classe supérieure de "riches vilains" qui ont un attelage de bœufs, emploient ces ouvriers, et parfois prêtent à intérêt aux paysans pauvres.

Des circonstances locales (guerres, confiscations) peuvent ruiner complètement certains villages.

Le développement rapide des villes a pu donner l'illusion qu'elles créaient une plus grande égalité sociale, mais en réalité la différenciation des niveaux de vie s'y accentue rapidement aussi. Certes, la ville a développé un système social nouveau : au groupe familial, cellule essentielle de la société féodale, et à la relation homme-seigneur, elle substitue des associations d'intérêts fondées sur la résidence ("commune") et sur la profession ("métier"). Mais les différences purement économiques n'y sont que plus accentuées : la hiérarchie de la ville est uniquement fondée sur la richesse monétaire et commerciale. "Celui qui domine à la halle siège au conseil" (J. Le Goff). Tout le monde n'a pas le "droit de bourgeoisie", et les familles les plus riches dirigent la commune. Certaines familles de gros marchands ou de banquiers, qui commencent à accumuler les rentes foncières, donnent déjà l'impression de vivre de leur fortune, sans travailler : vers 1280, Raymond Lulle, dans sa *Doctrina Pueril,* distingue soigneusement les artisans, qui travaillent, des "bourgeois" qu'il condamne pour leur oisiveté (cf. R. Lulle, *Doctrine d'enfant,* éd. Llinarès, Klincksieck 1969, p. 170-171). A l'opposé, on voit se développer dans les villes (comme dans les campagnes) une classe d'ouvriers qui se louent à la journée, sans réserves, "nihil habentes" dans les rôles d'imposition, vivant généralement à la limite du minimum vital, et réduits à la famine en cas de crise économique.

A côté des marchands et des artisans, dans une ville comme Paris, une catégorie nouvelle prend de plus en plus d'importance, celle des "clercs". Il s'agit de gens cultivés, qui lisent et écrivent, sans avoir à proprement parler de fonctions religieuses effectives, mais en se rattachant tout de même au clergé. Ce sont d'abord les fonctionnaires royaux de tous les grades : greffiers, notaires, baillis. Ce sont aussi les étudiants et les professeurs, dont la réunion constitue un corps de métier extrêmement puissant, l'*Universitas,* officiellement reconnue à Paris en 1229 par le Pape (et en grève dès l'année suivante). Jean de Meun appartient à ce milieu, où les situations financières sont extrêmement diverses : quelques-uns vivent d'un salaire officiel, beaucoup d'une "prébende" ecclésiastique (revenu attaché à une fonction religieuse qui n'est pas effectivement remplie, par ex. "chanoine" d'une cathédrale éloignée), et certains de travaux de copie ou d'expédients (cf. J. Le Goff, *Les intellectuels au Moyen Age,* éd. du Seuil).

On voit ainsi que l'opposition entre pauvres et riches, dans cette société, correspond à une réalité vécue dans tous les milieux. Avant d'aborder la façon dont elle est perçue dans les mentalités, soulignons un de ses aspects matériels les plus étonnants pour nous. A nos yeux, le pauvre, c'est celui qui est immobilisé dans son coin, faute de voiture, de moyens pour "prendre des vacances", d'occasions de contact avec d'autres milieux ; le riche, c'est aujourd'hui celui qui court le monde, "pour affaires" ou comme touriste. Au Moyen Age, c'est l'inverse. La richesse va de pair avec la stabilité, la possibilité de rester en sécurité derrière des murailles, de se serrer les coudes avec les membres du même groupe, de garder le même "estat", la même place dans la société, le même coin de terre ou la même maison. La pauvreté, au contraire, c'est l'errance, la mobilité. Après une famine, ou pour fuir ses créanciers, ou simplement parce que la terre familiale ne peut plus le nourrir en même temps que ses frères, le paysan quitte son village, à la recherche d'un village nouveau "d'hospites" fondé sur les terres qu'on défriche, ou, le plus souvent, pour se réfugier à la ville. Des soldats mercenaires vont et viennent en bandes, vivant de rapines quand aucun prince ne les paye pour faire la guerre. Les lépreux, les fous, munis de leurs insignes qui les signalent à l'inquiétude populaire, ne sont généralement tolérés qu'à condition de n'être que de passage, et doivent donc errer sans cesse. D'anciens criminels sont condamnés à de longs pélerinages, pénitence plus dure que la prison. Les clercs les plus pauvres forment les "vagantes" allant d'une ville à l'autre. Tout cela constitue une masse de déracinés, d'a-sociaux, encore relativement peu nombreuse au début du XIIIe siècle, mais qui commence a être inquiétante un peu plus tard, et qui, au XIVe siècle, fera peur.

Les institutions charitables, dont le type n'est encore que "l'hôpital", empiriquement organisé et accueillant les malades sans guère les soigner, ne sont pas à la hauteur de cette situation. L'église, à qui le soin des pauvres est traditionnellement confié, est parfois débordée, et les autorités laïques prennent sa relève : rois, comtes, communes commencent à organiser des hôpitaux et des léproseries. Mais la plupart des pauvres sont abandonnés à une liberté qui ne fait qu'accroître leur misère.

B. RICHESSE ET PAUVRETE AU XIIIe SIECLE : LES ATTITUDES MORALES.

L'opposition entre pauvreté et richesse constituait en latin classique un système sémantique assez bien défini, avec, à chaque pôle, trois principaux termes presque interchangeables : *dives, locuples, opulentus ; pauper, inops, egens.* Le français primitif n'a gardé de ces six termes que le mot *pauvre,* qu'il met généralement en opposition avec un mot d'origine germanique, *riche ;* les autres mots qui peuvent les remplacer représentent tous un recoupement avec d'autres champs sémantiques *(indigent, indigence,* que Jean de Meun emploie aux vers 8151-54, sont des emprunts savants et non des mots de la langue courante). En somme, le système sémantique pauvreté-richesse, en ancien français, n'est pas autonome. Nous comprenons facilement aujourd'hui qu'il se recoupe avec le système de classement des professions *(mendif, païsant...),* ou avec une classification politique *(peuple menu, borjois, noble...) ;* mais il nous est plus difficile de saisir certains autres entrecroisements.

D'abord, *riche,* dans son opposition avec *pauvre,* peut être remplacé par *puissant* ou des mots de même famille *(poestal, poestable) :* ceci est capital, et vient à la fois de la Bible (la Vulgate oppose couramment les *pauperes* aux *potentes)* et de la situation sociale de la France seigneuriale et féodale, où la puissance est assez peu liée à l'argent, beaucoup aux propriétés foncières (mais en principe, en dehors des alleux, il ne s'agit pas vraiment de *propriétés),* et beaucoup aussi à l'abondance et à la cohésion de la famille et du groupe de vassaux ; le pauvre est moins "celui qui n'a pas d'argent" que "celui qui ne peut pas se défendre dans la société".

D'autre part, l'opposition du pauvre et du riche n'est presque jamais une simple constatation de fait, elle recoupe la plupart du temps un jugement de valeur, pour lequel l'idéologie chrétienne impose un renversement dialectique : au niveau des comportements spontanés, les pauvres sont méprisés, assimilés aux délinquants (cf. *Rose* v. 8158), et les riches estimés, assimilés aux familles honorables ; mais ce système de valeurs n'est pas explicitement assumé par la littérature (sauf, nous le verrons, chez Guillaume de Lorris) ; elle ne s'y plie que par des biais, par exemple quand un hagiographe souligne que tel saint était d'une famille honorable, ou quand on s'en prend aux "vilains"; mais *riche* n'est vraiment laudatif et *povre* vraiment péjoratif que lorsque ces mots sont appliqués à des choses. En parlant de personnes, les écrivains assument généralement le renversement évangélique de ce système : par exemple, dans *Aucassin et Nicolette,* le seul exemple de *povre* s'applique à une brave femme qui héberge Nicolette en fuite, tandis que *riche* qualifie des personnages peu sympathiques (le *riche vilain* qui poursuit le bouvier) ou des contradicteurs éventuels ("il n'a si riche home qui...") ; pour des remarques analogues sur le *Couronnement de Louis,* cf. J. BATANY et J. RONY, "Idéal social et vocabulaire des statuts", dans *Langue française,* n°9, février 1971.

Une autre ambïguïté de l'opposition *riche / pauvre* est qu'on ne sait pas très bien si c'est une opposition absolue, divisant la société entière en deux groupes (comme les oppositions *franc / serf* et *noble / non-noble),* ou une opposition relative, s'appliquant dans chaque catégorie sociale ou dans chaque cas particulier, si bien que celui qui est "pauvre" par rapport à un prince est "riche" par rapport à un mendiant. La première conception semble avoir dominé à l'époque carolingienne : la législation impériale considérait comme "pauvres" tous ceux qui n'avaient pas les moyens de faire le service d'ost ; dans les abbayes, à partir du IXᵉ siècle, la réception des voyageurs est partagée entre deux portiers, le *custos* et l'*eleemosynarius* (aumônier), dont l'un reçoit les riches dans l'*hospitium hospitum,* l'autre les pauvres dans l'*hospitium pauperum,* une dîme spéciale étant affectée à chacun des deux *hospitia ;* le critère de distinction est très simple, d'après un texte clunisien du XIᵉ siècle : le *custos* reçoit ceux qui arrivent à cheval (ou qui portent un message officiel), l'aumônier reçoit ceux qui arrivent à pied. Ce point de vue aura un regain de succès ·chez les philosophes à partir du XIIIᵉ siècle, sous l'influence d'Aristote, que Saint Thomas suit de près en affirmant que la division fondamentale de la société est celle des riches et des pauvres, entre lesquels s'insère normalement une classe moyenne.

Mais cette conception n'était pas en accord avec l'idéologie des *ordines,* qui divisait fondamentalement la société suivant des *fonctions* et non suivant une stratification sociale. L'extension de cette idéologie, du XIᵉ au XIIIᵉ siècle, oriente différemment l'idée qu'on se fait de la richesse et de la pauvreté : être pauvre, ce n'est pas être incapable d'accéder à un *estat* supérieur, mais plutôt être incapable de "soutenir son estat". C'est alors une notion relative : "un pauvre chevalier" a souvent des moyens économiques bien supérieurs à ceux d'un "riche vilain", mais il ne peut pas faire des largesses et des aumônes, ni habiller élégamment sa famille, ni entretenir plusieurs chevaux, ni renouveler ses armes, toutes choses que doit normalement pouvoir faire un chevalier. Cependant, à la limite, dans les catégories des artisans et des paysans, celui qui ne peut plus du tout "soutenir son estat", comme il s'agit d'un *estat* défini seulement par la satisfaction des nécessités premières, en est réduit à mendier ; ainsi se définit une pauvreté absolue et non relative, mais aussi, du même coup, une catégorie sociale, celle du *mendif,* qui, dans la perspective chrétienne, a la fonction propre de prier pour ses bienfaiteurs et de leur donner une occasion de salut. A côté de ce pauvre "absolu", il y a les pauvres "relatifs" qui travaillent, mais qui n'ont

pas de moyens de subsistance vraiment réguliers : c'est le cas de tous
les ouvriers salariés, qui ne se louent que temporairement.

Cependant, pour les auteurs du Moyen Age, une classification des pauvres repose plutôt sur des bases morales que sur ces données économiques. Dans la pensée la plus courante, cette classification se fonde sur
les rapports entre la pauvreté et la volonté du personnage. Il y a le pauvre involontaire, incapable physiquement d'assurer sa subsistance : infir-
me, orphelin, vieillard ou chômeur. Il y a le pauvre responsable de son
état, parce qu'il s'est ruiné en prodigalités, par la luxure, la gourmandise,
l'ivrognerie, les jeux de hasard (cf. mon commentaire de la *Griesche d'Hi-
ver* de Rutebeuf, dans mon *Français Médiéval,* p. 201-204). Il y a le faux
pauvre, qui cherche à vivre en parasite alors qu'il pourrait gagner sa vie.
Il y a le "pauvre en esprit", qui, quelle que soit sa situation économique,
est détaché des biens de ce monde, ne prétend pas en jouir : dans cette
catégorie, le riche qui ne cherche pas à profiter pour lui-même de sa richesse rejoint le pauvre résigné qui accepte sa condition. Il y a enfin le
pauvre "d'élection", qui pousse l'esprit de pauvreté jusqu'à partager vo-
lontairement le statut économique des pauvres : dès les origines, le mo-
nachisme prétend réaliser ce type, mais il n'atteint sa forme extrême
qu'avec Saint François d'Assise. D'autres classifications vont encore
plus loin dans l'interprétation morale, comme celle de Pierre Comestor,
qui semble pratiquement considérer que tous les hommes sont "pauvres"
d'une façon ou d'une autre, les uns par simple malchance (le mendiant),
d'autres par cupidité (l'avare, "pauvre" puisqu'il trouve toujours qu'il
n'a pas assez), d'autres par gaspillage (le prodigue), d'autres par ruse
(l'hypocrite), d'autres par leur volonté (celui qui s'impose les entraves
de l'esprit de pauvreté) : il va de soi qu'il conseille de choisir d'être
dans la dernière catégorie (cf. *Patrol. latine,* tome 198, col. 1798). Mais
c'est un auteur du XIIe siècle, et il ne distingue pas clairement, dans
cette dernière espèce, entre la pauvreté en esprit et la pauvreté d'élection,
distinction autour de laquelle tournent les débats du XIIIe siècle dont
Jean de Meun se fait l'écho.

Dans ces classifications, la catégorie des pauvres "d'état" reste défi-
nie par une situation économique de fait, mais cela ne veut pas dire que
cette catégorie soit en dehors des problèmes moraux. Le pauvre a, lui
aussi, ses devoirs. S'il gagne quelque chose, si peu que ce soit, il est
tenu de payer la dîme, qui n'est pas seulement une sorte de cotisation
syndicale de la communauté chrétienne, mais la reconnaissance d'un devoir envers les déshérités complets, théoriquement pris en charge par
l'Eglise. Mais surtout, quelle que soit sa situation économique, le pauvre
doit accepter sa condition avec humilité. Le thème principal de la prédication aux pauvres, de Saint Augustin à l'époque moderne, est celui du
pauper superbus, du pauvre orgueilleux, c'est-à-dire révolté contre sa
condition. Joubert reprochera encore à Rousseau de "rendre le pauvre su-
perbe". Cette condamnation du pauvre qui se révolte (cf. par ex. le texte
du *Besant de Dieu* dans mon *Français Médiéval,* p. 178-179) n'est pas un
simple moyen de coercition sociale, mais correspond à la conviction profonde que l'ordre de la société est voulu par Dieu, ce qui fait de cette
révolte un blasphème.

Pourtant, si l'ordre social est voulu par Dieu, cela n'implique nullement que chacun puisse profiter de son "estat" sans s'occuper des autres,
car cet ordre social est celui d'un corps solidaire, d'une véritable communauté. D'où la nécessité absolue de l'*aumône* pour le riche, nécessité
sans cesse réaffirmée. Malheureusement, dans la pratique, l'aumône n'est

pas toujours une véritable relation d'amour entre le pauvre et le riche,
comme en théorie : d'abord, les nobles tendent à la confondre avec la
"largesse", vertu considérée comme essentielle à leur "ordre", mais qui
se définit uniquement du point de vue du donateur, si bien que ce ne sont
pas toujours les plus misérables qui en bénéficient. Et surtout, toute aumône importante passe par le canal de l'Eglise, si bien qu'on finit par y
voir une donation à celle-ci plutôt qu'aux pauvres (certains actes appel-
lent même "aumône" une *vente* faite à un établissement ecclésiastique!);
dans l'esprit de certains riches, l'aumône faite à l'article de la mort est
un moyen magique de s'assurer l'éternité en l'achetant aux détenteurs de
la puissance surnaturelle.

Mais il ne faut pas croire que l'Eglise voie seulement dans la solida-
rité économique des chrétiens un devoir des riches, elle y voit aussi un
droit des pauvres. Les canonistes ont élaboré la doctrine de l'*usus communis :* Dieu n'a confié aux hommes les biens de la terre que pour qu'ils
en fassent usage collectif, du moins en cas d'urgence : de même que le
droit romain impose la mise en commun des ressources entre naufragés,
le droit canon l'impose entre chrétiens en cas de famine ; le pauvre n'a
pas le droit de voler en cas d'*inopia non urgens,* mais il en a le droit en
cas de *necessitas ultima,* si son dénuement met sa vie en danger (cf. G.
Couvreur, *Les pauvres ont-ils des droits ?* , Rome 1961). Comme le remar-
quait M. Mollat dans son séminaire sur la pauvreté, cette théorie de l'*usus
communis* peut se rapprocher de certains aspects du système féodal, l'un
et l'autre faisant de la propriété une notion relative et soumettant les
biens de la terre à une pluralité d'ayant-droits.

L'idéal chrétien intègre donc le pauvre à la communauté, par la fonction de prière qu'il remplit comme une sorte d'auxiliaire du clergé, par
les possibilités d'aumône (et donc de salut) qu'il offre aux possédants,
et même par ses droits à la subsistance. Cependant, l'impression qui pré-
vaut couramment, c'est que le pauvre est un être isolé et marginal. Situés
à la limite de l'espace d'exclusion de la société, les pauvres ne sont pas
encore assez nombreux pour constituer une contre-société en révolte comme au XIVe siècle. Ils se définissent, au contraire, par la non-apparte-
nance à un groupe : tant qu'existent des *servi,* ceux-ci ne sont pas consi-
dérés comme des pauvres, parce qu'ils appartiennent à la communauté familiale de leur maître ; l'implantation en Angleterre du système seigneu-
rial et féodal, au XIe s., y coïncide avec la raréfaction du mot *pauvre*
dans les documents, parce qu'en théorie ce système groupe tout le monde en communautés. Le pauvre est, avant tout, celui qui n'a personne
pour le soutenir (en justice par exemple), qui est perdu dans un monde
étranger : Lazare, dans l'iconographie, le représente parfaitement parce
qu'il n'a pour compagnie que les chiens errants qui lui lèchent les plaies.

A l'appartenance au groupe est liée, dans l'idéal social du Moyen Age,
la stabilité. Stabilité géographique, d'abord : le riche est bien installé
dans une demeure solide, tandis que le pauvre est errant. Mais aussi stabilité sociale : il ne faut pas sortir de son *estat ;* que ce soit pour monter ou pour descendre, c'est un malheur. On plaint moins les pauvres de
naissance que les gens ruinés ; les prédicateurs citent aux indigents
l'exemple du riche en prison pour leur prouver qu'il y a plus malheureux
qu'eux. La législation sociale tend à maintenir chacun dans "son état".
La peur de l'appauvrissement, dont on a l'écho chez Jean de Meun, favorise l'avarice (bien qu'elle soit contrebalancée, chez les nobles, par
l'idéal de "largesse") et même certaines formes de cupidité : l'auteur du
Roman des Romanz interprète de façon surprenante et profonde l'attitude

des prélats simoniaques (qui vendent des bénéfices ecclésiastiques) par
leur peur de devenir pauvres ; il ne blâme pas le principe de cette peur,
mais leur manque de confiance en Dieu. En fait, il est bien vrai que la
confiance en la Providence était moins forte que la croyance dans la
"roue de la Fortune", horrible remise en question perpétuelle de l'ordre
social : on avait peur de "descendre" d'un côté de la roue, et honte de
"monter" de l'autre côté, comme ces vilains auxquels les rois donnent de
hautes fonctions, au grand scandale des nobles et des jongleurs qui les
flattent : chaque position sociale originelle correspond à la *nature* d'une
personne, et les mouvements de la Roue de la Fortune ne peuvent changer cette nature, ils ne changent que l'*état ;* même haut fonctionnaire, un
vilain reste un vilain.

Les institutions de charité ont donc tendu originellement à institution-
naliser la pauvreté, pour en faire un élément de l'ordre social : ainsi le
matricule, institué à l'époque mérovingienne, oblige chaque église à entretenir un certain nombre de "marguilliers" *(matricularii),* d'abord simples
assistés, devenus ensuite des sortes de bedeaux. Très souvent, au Moyen
Age, les coutumes charitables des abbayes et des princes s'adressent à
un nombre fixe de pauvres ayant une valeur rituelle : c'est encore le cas
pour Saint Louis. Au Haut Moyen Age, l'assistance est confiée officiellement à l'Eglise, dont les biens sont inaliénables parce qu'ils sont les
biens des pauvres, d'où leur accroissement continu par les dons ; elle
n'est confiée aux laïcs que par le biais de la pénitence tarifée, qui leur
impose des aumônes en réparation de leurs péchés. Mais, aux XIIe et au
XIIIe siècle, on voit un certain nombre d'institutions charitables, comme
les hôpitaux, créées ou prises en compte par les pouvoirs civils, princes
ou communes. Liés primitivement aux grands lieux de pélerinage, où ils
accueillaient les malades venant chercher guérison, les hôpitaux deviennent une institution urbaine, appuyée sur des confréries.

Cependant, la spiritualité médiévale place toujours l'*imitation* des pauvres au-dessus des *secours* aux pauvres. Le débat essentiel porte sur la
forme que doit prendre cette imitation. Pour le cénobitisme traditionnel,
et encore pour Saint Bernard au XIIe siècle, la véritable pauvreté se trouve dans la vie claustrale du monastère. Soutenue par le poids de la tradition, cette théorie se heurte à l'expérience intuitive qui, comme nous venons de le voir, fait du pauvre un isolé. Le moine est à l'abri dans son
monastère, il appartient à un groupe, sa vie matérielle est assurée ; il
ne possède rien individuellement, mais, en général, son abbaye a de gros
revenus. Imiter la pauvreté du Christ, n'est-ce pas plutôt courir l'aventure, tout seul, loin de la sécurité du groupe ? Une autre tradition soutenait ce point de vue, la tradition orientale de l'érémitisme. Dans le Haut
Moyen Age, à côté des princes-évêques riches et généreux et des abbés
missionnaires, l'hagiographie occidentale présente déjà quelques cas
d'anachorètes ; le plus étonnant est Saint Siran, fondateur de deux abbayes
dans le Berry au VIIe siècle : d'après son biographe, il a toujours cherché l'incognito, l'austérité secrète, et, trait plus exceptionnel, il recherche la compagnie des paysans dont il partage les durs travaux champêtres
pour les évangéliser.

Mais c'est surtout à partir de l'an mille que l'érémitisme de type orien-
tal devient à la mode en Occident et y répand un idéal de pauvreté volontaire. En réaction contre la richesse de l'Eglise séculière et des abbayes,
des hommes provenant des trois *ordines* (laïcs, clercs ou moines), mais
presque toujours de naissance noble, se retirent dans des lieux déserts
(c'est-à-dire, en général, dans la forêt) où ils mènent une vie ascétique

consacrée à la prière. Leur lieu d'habitation, leur menton et leurs vêtements velus, leur régime végétarien les mettent dans un cas-limite de la
pauvreté, la vie quasi-animale de l'homme sauvage ; cependant, l'ermite
a souvent des serviteurs. Retiré du monde, il ne peut se livrer à une
mendicité active, mais il reçoit des dons, généralement en nature ; il vit
surtout du petit coin de terre qu'il a défriché ; il travaille donc manuel-
lement, mais, en général, uniquement pour ses besoins. Souvent, les ermites attirent paradoxalement des foules autour d'eux, foules comprenant
à la fois des exclus de la société et des chrétiens idéalistes. Ils sont
donc parfois amenés à grouper leurs amis sous la règle d'un nouvel ordre,
ou dans un monastère rattaché à un ordre ancien ; et c'est ainsi que la
pauvreté scandaleuse de Robert d'Arbrissel (à qui l'évêque Marbode re-
prochait de manquer de dignité pour un prédicateur, parce qu'il circulait
pieds nus et en guenilles) aboutit à la richesse de l'abbaye de Fonte-
vrault... Un seul ordre arrive à un véritable équilibre entre richesse et
pauvreté, vie érémitique et vie commune : les Chartreux, chez qui chaque
moine vit dans sa maisonnette, la communauté ne pouvant avoir que des
biens strictement limités par la Règle.

Les ermites se confondaient en partie avec les prédicateurs itinérants,
qui voulaient évangéliser les pauvres, mais n'avaient pas toujours l'auto-
risation officielle de l'Eglise. Certains de ces prédicateurs s'élevaient
même avec vigueur contre la richesse et la corruption du clergé, et allaient
parfois jusqu'à poser des théories en désaccord avec les dogmes, si bien
qu'ils étaient condamnés comme hérétiques, mais non sans avoir eu beaucoup d'audience. Il serait faux de ne voir dans les hérésies du Moyen
Age que des révoltes sociales, mais c'est un aspect important de beaucoup d'entre elles, en particulier celle des "Vaudois", disciples de Pierre
Valdo. Il y avait un saisissant contraste entre l'austérité des "parfaits"
cathares et le luxe du clergé catholique. Certes, notre mentalité moderne
peut s'étonner de la sympathie qui s'établissait entre ceux qui souffraient
de la pauvreté et ceux qui la préconisaient : mais, en fait, les premiers
devaient être fiers de voir leur *estat* revalorisé et offert en exemple aux
riches par les seconds. Vers 1200, celui qui faisait un éloge trop vif des
pauvres risquait de passer pour un Vaudois.

C'est dans cette atmosphère qu'apparaissent, au début du XIIIe siècle,
les "Ordres Mendiants", qui font de la pauvreté le centre de leur idéal :
Franciscains (ou "Cordeliers"), Dominicains (ou "Jacobins"), Carmes,
Ermites de Saint Augustin, et quelques ordres secondaires (comme les
"frères du Sac", *Rose,* v. 12107) abolis en 1274. Tous ces ordres cher-
chent à concurrencer les hérésies sur le terrain où elles fructifient, mais
dans un esprit différent : chez Saint François, l'idéal de pauvreté veut
être lié à une humilité intellectuelle beaucoup plus forte que celle des
hérétiques, et il prend une forme poétique et même, comme nous dirions
aujourd'hui, "folklorique", qui place les "frères Mineurs" dans la zone
marginale de la société, tout près des fous et des vagabonds ; chez Saint
Dominique, il s'agit de tenir tête directement aux hérétiques en leur montrant que l'Eglise peut être pauvre à l'intérieur de ses cadres institutionnels et sans perdre un mot de sa rigueur doctrinale. Les deux ordres s'in-
fluencèrent réciproquement : les Dominicains (et la Papauté, qui soutenait les nouvelles tendances) entraînèrent les Franciscains vers la recherche intellectuelle et dans la conquête des Universités, et les poussèrent
vers la création nécessaire de cadres institutionnels ; les Franciscains
encouragèrent les Dominicains à accentuer leur idéal de renoncement.
Dans les ordres Mendiants, il n'est plus question *d'abbayes* fermées sur

elles-mêmes et possédant des biens fonciers et des revenus divers, mais seulement de *couvents,* lieux de vie commune et base de départ pour la prédication ; alors que les abbayes cisterciennes cherchaient l'isolement dans les campagnes, les ordres Mendiants s'installent dans les villes, nouveaux centres de vie économique et intellectuelle, et lieux de rassemblement des nouveaux pauvres. Cependant, en même temps qu'ils s'adaptaient partiellement aux nouvelles formes de vie sociale, les nouveaux ordres réagissaient contre les dangers moraux qu'elles impliquaient : en cette période d'essor de l'économie monétaire, Saint François aurait voulu interdire absolument à ses frères le contact d'une pièce de monnaie... cela ne pouvait être qu'un idéal théorique.

Dans tout ce que nous venons de voir, bien des aspects semblent très éloignés des points de vue sous lesquels Guillaume de Lorris et Jean de Meun abordent le problème de la pauvreté et de la richesse. Mais ces différences elles-mêmes sont significatives, car nos auteurs vivaient dans cette fermentation intellectuelle et morale, et leurs silences ne peuvent être innocents.

C. PAUVRETE ET RICHESSE CHEZ GUILLAUME DE LORRIS.

Guillaume de Lorris place *Pauvreté* parmi les figures peintes à l'extérieur du mur, c'est-à-dire parmi les situations morales qui empêchent d'arriver au monde de l'amour ; il la considère donc comme une situation première ; s'il avait pensé, comme Jean de Meun, à la pauvreté comme situation seconde, résultant de l'appauvrissement, il l'aurait peut-être classée dans l'autre série de valeurs négatives, celles qui sont à l'intérieur du jardin, c'est-à-dire qui peuvent survenir au milieu de l'amour et le gâter, comme Orgueil, Malebouche ou Lecherie. Pauvreté se trouve ainsi raccrochée à un paradigme qui est, pour l'essentiel, celui des vices principaux ; sa présence, avec celle de *Vieillesse* et l'absence de *Delit Mondain* qu'on trouve chez des moralistes de l'époque, est un des éléments qui font passer ce paradigme de la morale chrétienne au système de valeurs courtois. Nous avons vu que ce passage, en fait, se faisait au niveau de l'*Anticlaudianus* d'Alain de Lille, ou plutôt au niveau d'une lecture purement "morale" de cet ouvrage dans lequel la présence de Pauvreté parmi les vices s'expliquait par le point de vue eschatologique.

Richece, elle (v. 1017-1124), participe à la *carole,* la danse qui représente le développement solidaire des valeurs courtoises : placée tout près de *Beauté,* elle complète harmonieusement celle-ci en ajoutant l'élégance coquette au charme naturel, et elle est suivie tout naturellement de *Largece,* la générosité impliquant la richesse. Tout comme Pauvreté, elle n'intervient plus ensuite chez Guillaume.

L'antithèse des deux portraits est remarquable, dans leur longueur (un portrait bref représentant une situation étriquée, un portrait long représentant une situation épanouie) et dans leur composition : d'un côté, l'absence de valeur économique du vêtement est décrite avant la faiblesse sociale du personnage ; de l'autre, la puissance sociale du personnage est affirmée avant que soit détaillée l'immense valeur économique du vêtement. Le portrait de Pauvreté correspond tout à fait au personnage du pauvre tel qu'il apparaît dans les vitraux et les miniatures : un vêtement en guenilles ou tout au moins un bliaut à mi-mollet, contrastant avec la tunique longue, plissée et brodée, des grands personnages ; une position marginale, dans un angle ou même hors du médaillon, et une taille minime, le rôle de ces personnages de pauvres étant de mettre en valeur la générosité ou la force thaumaturgique du saint qui occupe la plus grande partie de l'image. L'idée du "povre chien" (v. 452) vient évidemment de la parabole de Lazare, modèle habituel du pauvre. Dans le portrait de Richece, ce qui frappe est l'insistance sur les pierres précieuses, qui ont une valeur double, puisqu'elles sont à la fois un élément de parure féminine et, pour les gens de l'époque, des objets utilitaires de haute valeur par leurs "vertus" médicales et magiques.

En plaçant brutalement Pauvreté avec les vices et Richesse avec les vertus, Guillaume de Lorris assume la hiérarchie de valeurs spontanément reconnue dans la société, et sa démarche, ici encore, se rattache à cette descente au niveau de l'expérience courante qui est liée à la "laïcisation" et caractéristique du XIIIe siècle. Cependant, la valorisation morale traditionnelle reste présente : Guillaume ne profite pas du portrait de Pauvreté pour tracer un portrait satirique du pauvre (comme le fait, par exemple, à la même époque, son homonyme le Clerc de Normandie), son portrait provoque la pitié et non la colère comme celui d'Envie ou de Félonie ; et le portrait de Richesse n'est pas entièrement rose. Les premiers personnages de la carole, Deduit et Leesce, évoquent uniquement la joie ; mais, avec le second jeu de flèches du dieu Amour, l'inquiétude s'introduit dans le verger merveilleux ; cette inquiétude revient avec le "*dangier*" de Richesse (v. 1032), qui rappelle la première flèche de fer, Orgueil ; et surtout avec ces *losengiers* dont la désagréable présence autour de Richesse pousse le poète à les maudire. Le charme est rompu.

La longue description qui suit rétablit tout de même l'ambiance de bonheur ; elle se termine par l'apparition de l'ami de Richesse, c'est-à-dire de son aspect masculin, la splendeur des chevaux remplaçant celle des vêtements. On nous dit que Richesse assure sa subsistance, ce qui ne veut évidemment pas dire que notre poète a un idéal de maquereau ; la relation abstraite entre la richesse et l'amour est ici figurée par la relation concrète entre la dame et son amoureux.

Cependant, tout en sachant que la réponse n'est pas dans une interprétation naïve de cette scène finale, nous sommes poussés par notre rationalisme moderne à nous demander si Guillaume a voulu parler de la pauvreté et de la richesse de l'amoureux, ou de la pauvreté et de la richesse de la femme aimée. Mais n'oublions pas ce que nous avons dit de l'usage qu'il fait de l'allégorie : il ne représente pas par ce procédé des sentiments d'un personnage, mais des situations ou des éléments d'une situation. Pour lui, certainement, l'amour ne peut naître que dans un *milieu* riche ; il n'envisage pas le cas où un seul des deux partenaires serait pauvre, mais seulement des degrés possibles de richesse ("selonc ta rente", v. 2129). Courtes vues, qui ne pouvaient suffire à son continuateur.

D. PAUVRETE ET RICHESSE CHEZ JEAN DE MEUN.

Les idées de Jean de Meun sur la pauvreté et la richesse peuvent se classer, en simplifiant beaucoup, autour de quatre thèmes dont l'origine principale est différente : Richesse et Nature, Richesse et Fortune, Richesse et Amour, Pauvreté et Travail.

Le thème des rapports entre la richesse et la Nature se présente comme un des aspects du thème de l'âge d'or. A cette époque heureuse, affirme *Ami,* il n'y avait pas de propriété privée : *ne riens propre avoir ne voloient* (8418), c'est seulement avec le règne de Barat, Péchié et Male Aventure que les hommes s'attachent aux possessions personnelles, partagent la terre et y posent des bornes (9562-9564), ce qui traduit deux vers d'Ovide (*Mét.* I, 135-136 : "Communemque prius, ceu lumina solis et auras, Cautus humum longo signavit limite mensor") ; la même idée se trouvait dans la description de l'âge d'or chez Virgile (*Géorg.* I, 126-7 : "Ne signare quidem aut partiri limite campum Fas erat") ; mais elle avait fait son chemin sous une forme plus abstraite dans le domaine juridique et moral. Cicéron affirme ainsi, dans le *De Officiis,* qu' "il n'existe aucun bien personnel en vertu de la nature", la propriété privée, qui "se constitue à partir de ce qui par nature était commun", résultant d'une occupation ancienne, d'une victoire, ou d'une convention *(De officiis,* I, 7, trad. Testard, Belles-Lettres, 1965, tome I, p. 114). L'idée est reprise par Saint Ambroise : "Natura enim omnia omnibus in commune profudit. Sic enim Deus generari jussit omnia ut pastus omnibus communis esset, et terra foret omnium quaedam communis possessio. Natura igitur jus commune generavit, usurpatio jus fecit privatum" *(De officiis ministrorum,* I, 132 ; Patrol. lat. tome 16, col. 62). Des Pères grecs affirment beaucoup plus nettement la communauté originelle des biens, dans des sermons fustigeant les riches, en particulier Grégoire de Nazianze et Grégoire de Nysse, mais ces textes n'étaient pas connus en Occident au XIIIᵉ siècle ; l'insistance sur cette théorie y était devenue suspecte depuis que Pélage en avait tiré une condamnation radicale de la richesse, déclarée hérétique en 415 (cf. P. Christophe, *L'usage chrétien du droit de propriété dans l'Ecriture et la tradition patristique,* Paris, Lethielleux, 1964). Mais le droit canon avait été obligé de la reprendre à propos du droit du pauvre à voler en cas de nécessité absolue. Gratien affirme que "jure naturali sunt omnia communia omnibus", la propriété privée n'appartenant qu'au "jus consuetudinis vel constitutionis" ; comme il dit, d'autre part, que le droit coutumier n'apparaît dans l'histoire qu'avec Caïn et Nemrod, son élève Richard l'Anglais a pu faire de Nemrod le créateur de la propriété privée (cf. Couvreur, *Les pauvres ont-ils des droits ? ,* p. 121 sqq).

D'après cette théorie, il nous semblerait que c'est l'*opposition* richesse-pauvreté qui était absente à l'origine, et que les *deux* mots ne pouvaient y avoir de sens. Mais Jean de Meun, peu structuraliste, ne voit pas les choses ainsi : les hommes de l'âge d'or "*riche* estoient tuit egaument" (9491) ; Barat, Péché et Male Aventure font sortir de l'Enfer Pauvreté, qui n'avait encore jamais été sur la terre. La richesse est donc un fait de nature, la pauvreté un fait de culture. Et pourtant, d'après le discours du Jaloux (8859-8926), la parure féminine, qui définissait la Richesse chez Guillaume de Lorris, est un fait de culture surajouté, qui ne peut changer la Nature. On voit donc ici Jean de Meun s'écarter de Guillaume de Lorris, dont il n'accepte pas les définitions empruntées à l'expérience quotidienne : la "richesse" qu'il prête aux hommes de l'âge d'or, ce n'est pas celle du luxe et de la puissance, c'est la "vraie richesse" des philosophes, celle du contentement intérieur. De ce fait, sa conception de la Pauvreté est, elle aussi, abstraite et morale, et il accepterait la classification de Pierre Comestor d'après laquelle tous les hommes de l'âge de fer sont "pauvres".

Il y a peut-être plus nettement contradiction sur le problème de l'argent : celui-ci est une invention de l'âge de fer, forgée par des hommes corrompus, d'après le discours d'Ami (9611) ; et pourtant, d'après le discours de Raison, il a une fonction naturelle pour laquelle Dieu l'a "apprêté", circuler et secourir les hommes (5155-5158) ; on a le mot *richesses,* mais il ne peut désigner ici que l'argent). Il ne servirait à rien, dans ce cas, de dire que ce n'est pas le même personnage qui parle, car on pourrait intervertir les deux théories. En fait, cette contradiction est peut-être l'écho d'une évolution dans la doctrine des canonistes. La théorie classique, selon laquelle le droit naturel ignorait la propriété privée, mettait ce droit naturel en contradiction trop violente avec le droit positif, d'où la théorie nouvelle d'Huguccio et de Guillaume d'Auxerre, d'après lesquels le droit naturel admet la propriété privée (et donc l'existence de l'argent), mais impose la communauté des biens en cas d'extrême nécessité (cf. G. Couvreur, ouvrage cité). Jean de Meun paraît ignorer cette doctrine nouvelle, pourtant bien admise à son époque, mais il a dû en entendre certains échos ; en tout cas, son idée d'une fonction naturelle de l'argent se rattache au même mouvement de reconnaissance des valeurs séculières.

Mais cette reconnaissance est freinée chez lui, de façon paradoxale, par l'influence de la philosophie païenne, qui passe, il est vrai, par l'intermédiaire du philosophe chrétien Boèce, mais garde une forme "laïque". C'est à Boèce, en effet, que sont empruntées les théories d'inspiration stoïcienne centrées autour du thème de la "roue de la Fortune" (cf. J. Frappier, *Etude sur "La Mort le Roi Artu",* 2e édition, Droz, 1968, p. 254-288). C'est le discours de Raison qui met la notion de richesse en rapport avec celle de fortune, relation qui aura tellement de succès que le mot *fortune* finira par signifier "richesse", sens qu'il avait déjà au pluriel en latin classique. La Fortune, c'est le sort, le Destin, qui tourne sans cesse sa roue, faisant monter les uns et descendre les autres, ce qui heurte l'idéal médiéval de stabilité. Elle donne aux uns richesse, aux autres pauvreté (5874-5876) : Jean de Meun pense beaucoup moins au sort réservé aux hommes par leur naissance qu'aux modifications de ce sort pendant la vie, car c'est là le scandale pour son époque. Le thème est présenté deux fois par Raison : la première fois, pour développer l'idée (très rebattue dans la littérature antique, mais reprise avec une incomparable poésie par Rutebeuf, ami probable de Jean de Meun) que l'appauvrissement est la pierre de touche de l'amitié (v. 4765-4944) ; la seconde fois, pour développer l'idée que la Fortune ne change pas la Nature : en donnant à certains hommes la richesse et les honneurs, elle ne les rend pas pour cela dignes de les avoir (5841-6340). En somme, celui qui monte sur la roue de Fortune doit être toujours considéré avec le même mépris s'il est mauvais, de même que celui qui y descend doit être considéré avec la même amitié s'il est bon. Richesse et pauvreté sont des phénomènes superficiels, et le sage doit s'en détacher, considérer que les biens "forains" sont sans valeur (5295-5340) et que la richesse des avares les asservit à leur argent, celle des rois à leurs gardiens (4945-5289). Jean de Meun a pu s'inspirer ici de Sénèque *(Lettres à Lucilius,* 2, 6 ; 18, 6-7 ; 119, 7-10), mais il y a une différence : Sénèque affirme carrément, suivant la doctrine stoïcienne, que la pauvreté n'est pas un mal ; pour Jean de Meun, c'est vrai pour les philosophes (5841), mais Raison elle-même s'apitoie sur les pauvres (5552) ainsi que Nature (17 907) et Ami affirme son horreur de la pauvreté (8125-8159) : l'idéal est dans la *soffisance,* ce qui paraît reprendre les termes de Sénèque, mais le sens est différent : pour Sénèque, on peut trouver la *soffisance* dans la pire misère ; Jean de Meun, plus proche d'Horace pense plutôt qu'on la trouve dans une condition sociale moyenne (11 245). Bien qu'il ne cite ni la *Politique* ni l'*Ethique à Nicomaque,*

il se rapproche ainsi de la morale d'Aristote, morale qui, il est vrai,
rencontrait un terrain très favorable à Paris à cette époque.

Il ne voit pas seulement dans la pauvreté un malheur, mais un danger
moral : Pauvreté est la mère de Larcin (9511-9530 et 10107-10119). On
sent percer ici l'inquiétude qui naît à son époque vis-à-vis des pauvres.
La théorie des canonistes, selon laquelle le pauvre a le droit de voler en
cas d'extrême nécessité, était acceptable tant que les pauvres étaient
des cas individuels et marginaux, et que "l'extrême nécessité" consis-
tait en situations de famine engageant toute la société ; mais à mesure
que les pauvres se groupent en masses dans les villes, et qu'un chômage
conjoncturel risque de créer une "extrême nécessité" endémique, la solution n'est plus valable, elle crée même le danger de faire basculer les
pauvres dans le camp des malfaiteurs. La solution doit être, alors, de
supprimer la pauvreté : les canonistes n'y avaient jamais songé, et Jean
de Meun lui-même ne présente cela que comme un idéal difficile à atteindre (v. 5107-5118, système hypothétique entièrement au subjonctif, qui
marque bien ici une nuance d' "irréel").

Cet idéal est lié à la forme "d'amour" préconisée par Raison, ce qui
nous montre bien que Jean de Meun n'oublie pas son sujet. Le problème
de la richesse et de la pauvreté est posé surtout par rapport à l'amour.
Quel rôle doit jouer l'argent par rapport aux sentiments, et, plus précisément (dans la perspective de l'amoureux qui rejette le point de vue de
Raison), quel rôle doit-il jouer dans la séduction ? Ce problème revient
sans cesse. On s'étonne que M. Lecoy (tome II, p. XVI) parle de "légère
digression" pour les vers 10735-10796, et dise qu'Amour "revient à son
sujet" ensuite : en fait, c'est toujours le même problème qui est évoqué,
par le biais du personnage de Vénus comme par celui du personnage de
Richesse. Les femmes (Vénus représente, en gros, l'amour féminin) accep-
teraient volontiers de donner leurs faveurs contre de l'argent ; la Vieille,
du reste, incite Bel Acueil à "plumer" les amoureux (13581-13681). Mais
cela indigne Ami (8317-8322 et 9641-9648) et le dieu d'Amours, qui accepterait cependant l'aide de Richesse (c'est-à-dire la séduction par l'argent)
comme il accepte celle de Faux-Semblant, mais qui jette contre elle l'ana-
thème devant sa défaillance. Cette défaillance, à vrai dire (vers 10021-
10237) n'est pas sans ambiguïté : en principe, elle signifie simplement
que l'amoureux n'est pas riche, et ne peut donc pas employer ce procédé ;
mais l'épisode reprend une théorie du discours d'Ami (7410 et 7857-8068)
selon laquelle le procédé est écarté parce qu'il est dangereux, puisqu'il
mène à l'appauvrissement. Ces deux passages du *Roman de la Rose* sont
peut être la source d'un thème qui aura un énorme succès du XIVe au
XVIe siècle, celui des "malavisés" ou du "chemin de l'hôpital" : en gas-
pillant ses biens ou en se livrant aux vices, on se condamne à finir ses
jours dans la misère. Ami est présenté comme un personnage qui a une
expérience tragique de l'appauvrissement, ce qui lui fait dire que "Pauvreté fait pis que Mort" (8125-8159) et recommander de ne faire que de petits
cadeaux. C'est peut-être par cet idéal de prudence financière, si contraire à la conception traditionnelle de la "largesse" aristocratique, que Jean
de Meun pourrait être qualifié d'auteur "bourgeois", si cette expression a
un sens.

Un aspect secondaire du thème "Richesse et amour" apparaît plus brièvement (v. 9733-9744) avec l'idée que le pauvre doit "aimer sagement" et
supporter son amie avec plus de patience que le riche. L'idée sera exploi-
tée dans les *Quinze Joies de Mariage*. Jean de Meun pense donc, lui, à
une différence de fortune entre les amants.

Dans le discours de Faux-Semblant, le problème de la pauvreté est abordé sous un jour différent, celui des rapports entre la mendicité et le travail, mais Jean de Meun s'appuie toujours sur la même philosophie, sur le même idéal de *mediocritas* : l'extrême pauvreté est aussi dommageable à l'âme que l'extrême richesse (11 239-11 260). L'extrême pauvreté, c'est la mendicité (11 244) : on peut et on doit l'éviter par le travail. Comme beaucoup de problèmes moraux au Moyen Age (cf. ci-dessus, p.66), la question n'est pas posée à propos des laïcs, mais des religieux. Avant de se poser pour les ordres dits "mendiants", elle s'était posée déjà pour les nouveaux ordres avides de pauvreté évangélique au XIIᵉ siècle : la règle de Grandmont prévoit qu'on peut envoyer des moines mendier pour la communauté en cas de nécessité ; en revanche, les Coutumes de la Chartreuse interdisent formellement cette pratique. Pour l'interdire, on se référait généralement au *De opere monachorum* de Saint Augustin, qui prescrivait aux moines le travail manuel. Mais le travail, dans la perspective cénobitique, s'opposait à une oisiveté où les moines prétendaient jouir des biens de l'abbaye pour se consacrer à la prière ; il ne s'opposait pas à la mendicité, étant comme elle une forme de l'esprit de pauvreté. C'est avec l'idéal de communautés sans possessions que le problème se pose.

A vrai dire, il n'était pas du tout le problème fondamental pour les Dominicains ni même pour les Franciscains : pour ceux-ci, la grande difficulté était d'avoir un minimum d'organisation et de vie commune malgré leur règle interdisant la propriété ; les grandes crises de l'ordre tournent autour du problème de la propriété et de l'*usus,* et non autour de la mendicité. Dans l'expression "ordres mendiants", *mendiants* n'était qu'une sorte de superlatif de *pauvre.* Ce sont les maîtres séculiers de l'Université de Paris qui ont fait de la mendicité un cheval de bataille : il s'agissait, pour eux, d'empêcher les "mendiants" d'enseigner : rien de mieux, pour cela, que de les renvoyer au travail manuel ! Cela ne veut pas dire que l'argumentation des séculiers était purement tactique et de mauvaise foi : chez eux et chez Jean de Meun se font jour, non seulement l'idée que la mendicité est dégradante et que le travail contribue à l'accomplissement de l'homme, mais l'idée que l'Eglise doit éviter "l'angélisme", se soucier de son enracinement temporel dans la société, refuser une pauvreté désincarnée et anti-naturelle.

Mais les séculiers ne conçoivent guère cet enracinement que dans les cadres traditionnels, par exemple sous la forme de cette *potestas* qui leur donne le droit de se faire payer leur enseignement. Les Mendiants refusent la *potestas* par humilité et par respect de leur règle, ils essaient en tâtonnant une nouvelle insertion dans la société urbaine et dans la vie intellectuelle, et pourtant ils respectent certaines formes d'esprit traditionnelles : Saint François prescrivait que chaque Frère devait conserver le métier qu'il avait avant de prendre l'habit, ce qui est conforme à l'idéal médiéval de stabilité des "estats". Mais son ordre, à la suite des Dominicains, a été amené à se lancer dans la recherche intellectuelle, qui ne rapportait rien sans *potestas ;* était-elle vraiment compatible avec l'humilité du Poverello ? Malgré leur pauvreté monétaire et foncière, les Ordres Mendiants pouvaient donner l'impression qu'ils n'étaient pas "pauvres" au sens féodal du mot, puisqu'ils étaient animés par une sorte de volonté de puissance... Il n'est donc pas étonnant qu'ils aient pu donner une impression de duplicité.

CHAPITRE 7

LE JEU DES MASQUES ET LA CRISE DE LA MORALE : DE SAINT ALEXIS A FAUX-SEMBLANT

Faux-Semblant entre en scène comme une figure inattendue, non prévue par Guillaume de Lorris et même difficile à introduire pour Jean de Meun. Nous sommes au moment où les deux armées se rangent, bien distinctes, celle des "bons" et celle des "mauvais". Or Faux-Semblant est un personnage foncièrement mauvais et il se trouve avec les bons. D'où la protestation d'Amours quand il le voit.

Mais Faux-Semblant n'est-il pas l'ambiguïté même ? C'est l'*hypocrite*. Tous les clercs du Moyen Age avaient sous la main l'explication de ce mot par Isidore de Séville (*Etymologies,* X, 120 ; *Patrol.* 82, 379-380) : "Nomen autem hypocritæ tractum est a specie eorum qui in spectaculis contecta facie incedunt... ut ad personæ colorem pervenirent, et populum, dum in ludis agerent, fallerent, modo in specie viri, modo in feminæ...". Mais ils avaient aussi sous la main l'explication du mot *personne* par Boèce (*Liber de persona...*, III ; *Patrol.* 64, 1343-1344) : "Nomen personæ videtur traductum ex his personis quae in comœdiis tragœdiisque eos quorum interest homines repraesentabant...". Voilà donc deux mots étymologiquement synonymes, dont l'un était devenu très péjoratif dans l'usage, et l'autre très laudatif (Raison, *Rose* 2968, "bien resembloit haute persone", c'est-à-dire qu'elle avait l'air d'un prince ou d'un évêque). Les hommes du XIIIe siècle, férus d'étymologie, ont-ils fait le rapprochement, et senti l'étrange ambiguïté du masque de théâtre, à la fois moyen d'illusion et de tromperie et moyen d'affirmation d'une valeur individuelle ?

A. SAINT ALEXIS : MASQUE RITUEL ET ABSENCE AU MONDE.

L'ambiguïté du masque remonte loin, et se manifeste bien au-delà du théâtre dans les civilisations sans écriture (cf. les ouvrages de Georges Buraud et de Jean-Louis Bédouin). Le masque est chargé de dire une dualité incarnée dans l'homme. Dans son emploi proprement religieux, il manifeste la conjonction du ciel et de la terre, du surnaturel et de la nature. Le procédé le plus simple est alors de placer la représentation d'un être surnaturel sur le visage d'un homme naturel. Mais ce procédé perd de son efficacité dès que la religion tend à être la recherche d'un secret caché derrière les apparences : il peut être alors absurde ou décevant de découvrir sous le masque divin l'homme banal. D'où le rejet du masque par les "grandes religions", et son retournement dans le

Christianisme : c'est maintenant le surnaturel qui sera caché par un "masque" naturel, qui est évidemment le visage même de l'homme.

En même temps, la distance conçue entre le ciel et la terre s'accroît, ce qui rend la conjonction plus difficile ; cette distance est mise en valeur en présentant le pôle terrestre sous une forme de déchéance sociale. Les théologiens affirment que le Fils de Dieu "s'est fait pauvre" du fait même de son Incarnation, son statut terrestre, même aux jours où il était vénéré par les foules, étant infiniment en-dessous de son statut divin. La sainteté ascétique essaie d'imiter cette disjonction initiale nécessaire à la conjonction du ciel et de la terre, mais ne peut le faire qu'à l'intérieur de la société terrestre, en plaquant un statut de déchéance sur un statut socialement estimé : la plupart des biographies d'ascètes soulignent que leur héros est "de très bonne famille".

Ces hommes de bonne famille se masquent en miséreux, voire en exclus de la société. Le cas extrême de la déchéance est celui des *saloï* orientaux, qui assument carrément un statut de fou, et même, dans le cas de Syméon d'Emèse, de fou vicieux fréquentant les maisons de prostitution (cf. J. Grosdidier de Matons, dans les *Travaux et mémoires du Centre de recherche d'histoire et de civilisation byzantines,* IV, 1970) : on est alors exactement à l'opposé de "l'hypocrite" classique, puisque c'est un masque de vice qui cache la vertu ; Saint Thomas d'Aquin condamnera explicitement cette "contre-hypocrisie". Les histoires de *saloï,* même moins salées, passent difficilement en Occident, bien qu'il y en ait quelques exemples au Moyen Age (cf. *Fou, dixième conte de la "Vie des Pères",* édité par J. Chaurand, Droz 1971). Ce qui a eu beaucoup plus de succès dans le monde latin, c'est la légende de Saint Alexis, où le statut de déchéance affecté n'est que celui d'un pauvre malade, et où la dualité des statuts et le jeu des masques sont fortement marqués par la succession des épisodes.

En effet, dans cette légende, telle que la présentent le poème français et les deux textes latins qui l'inspirent (1), on ne voit pas seulement le fils d'une grande famille romaine partir brusquement et secrètement vivre en ermite en Orient, mais on le voit revenir à Rome où il va coucher sous l'escalier de sa maison, sans être reconnu, comme un clochard soumis aux avanies des domestiques de son père (c'est le "Pauvre sous l'escalier" d'Henri Ghéon). Ce retour à Rome, c'est le vieux thème du retour du héros masqué qui revient reconquérir son domaine (conquête spirituelle dans le cas d'Alexis), comme Ulysse revenant à Ithaque déguisé en mendiant ; le thème est pris ici tout près du rite initiatique, dans lequel le personnage provocateur se présente en étranger, bien qu'il soit de la tribu, mais parce qu'il en a été aliéné par une absence ; le thème du masque (disjonction et conjonction simultanée) est naturellement lié à celui du retour (disjonction et conjonction successives), on le voit dans plusieurs œuvres du Moyen Age (cf. V. Lumin, *Kleid und Verkleidung,* Zürich, 1954). Ce retour prend l'aspect d'une provocation, la provocation même de la conscience, dont le propre est de s'écarter de sa source sans cesser de la connaitre ("vait par les rues, dont il ja bien fu cointes" : cf.

1. Parmi les nombreuses éditions de *Saint Alexis,* la meilleure reste celle du vieil *Altfranzösisches Uebungsbuch* de Foerster et Koschwitz (Leipzig, 1884), donnant le texte des trois manuscrits. La meilleure étude sur l'ouvrage est celle de K.D. UITTI, "The old French *Vie de Saint Alexis* : paradigm, legend, meaning", dans *Romance Philology,* 20, 1966-1967, p. 263-295, à compléter par l'ouvrage de M. SPRISSLER, *Das rythmische Gedicht "Pater deus ingenite" und das altfranzösisch Alexiuslied,* Münster, 1966.

ce passage dans mon *Français Médiéval,* p. 54). Alexis, en rentrant à
Rome, s'oppose aux Romains comme une conscience réflexive à une vie
spontanée.

Il s'oppose aussi à eux comme un individu responsable à une société
organisée. Il est l'ermite, seul face à la "grant masse" des hommes de
son père ; il appartient, en tant que pauvre et mendiant, à la marge où
commence l'espace d'exclusion de la société, mais c'est dans cette marge que semble se forger la responsabilité individuelle. Et il y est parve-
nu par la pauvreté volontaire, grâce à laquelle il a obtenu le privilège
initiatique de la maladie, qui, en quelque sorte, régularise sa situation
(il n'est donc pas un de ces "mendiants poissanz de cors" condamnés par
Jean de Meun). Séparé de sa famille par l'impureté de la pauvreté et de la
maladie, il ne sera lié à elle que par l'amour.

Alexis ne dit pas un mensonge à son père ; il se contente de se présenter tel qu'il a choisi d'être, et cela suffit pour qu'il ne soit pas reconnu.
Sa duplicité ne consiste pas à conserver en lui-même son *rôle* de riche,
il a vraiment abandonné ce rôle puisqu'il assume les conséquences dernières de la pauvreté jusqu'à la mort ; elle consiste seulement à cacher
son *statut* de fort, qui lui reste par hérédité, sous un statut de faible,
pour laisser tout ce qui est puissance à la Divinité.

Il n'est donc pas encore question, pour les auditeurs du XIᵉ et même
du XIIᵉ siècle, d'analyser les choses comme pourra le faire Saint Thomas
d'Aquin, qui condamnera toute duplicité. Alexis est ce que Dieu veut
qu'il soit, et n'a de comptes à rendre qu'à Dieu. Il n'a pas à s'expliquer
en *paroles* aux hommes. Seul l'*écrit,* la "charte" trouvée sur son cadavre,
pourra transformer son histoire en exemple, mais elle ne pourra être lue
que par le Pape, qui garantira sa valeur spirituelle. Le masque qu'il a
assumé n'est pas le signe d'une duplicité calculée, mais celui d'une
absence au monde, comme ces masques du *Nô* japonais qui expriment
"une absence et non une présence" (R. Sieffert, *Encyclopédie de la Plé-
iade, Histoire des Spectacles,* p. 457-458).

B. LES RETOURS DE TRISTAN : DE LA FEINTE AU PSYCHO-DRAME.

Malgré le rôle donné au Pape, l'individualisme d'Alexis a quelque
chose de fondamentalement anticlérical (l'Eglise s'est beaucoup méfiée
des aspects anti-institutionnels du mouvement érémitique ; le fondateur
de l'hérésie vaudoise a trouvé sa vocation en écoutant *Saint Alexis*). Il
n'est donc pas étonnant qu'on en trouve l'écho dans la culture laïque. Le
"pauvre sous l'escalier", chez Thomas, ne sera plus Alexis l'ermite, ce
sera Tristan l'amoureux. Mais ce sera encore le "retour du héros masqué".

La légende de Tristan, en effet, est celle qui s'est le mieux prêtée au
thème des "retours" : expulsé par le roi Marc, Tristan revient secrètement
retrouver Iseut, et la reconquérir ; de nombreux petits poèmes devaient
exploiter cette veine. Nous en avons conservé trois, sans compter les
épisodes intégrés à de plus grands ensembles. Dans le *Lai du Chèvre-
feuille,* il n'y a pas de déguisement à proprement parler, Tristan se cache
seulement dans la forêt. Mais dans les autres textes, il adopte comme
Alexis un déguisement de déchéance, un masque qui le range dans l'espace d'exclusion de la société : il est "fou" ou "lépreux" *(ladre).* Il ne

s'agit plus, pourtant, de marquer la distance entre le ciel et la terre
conjoints par la religion, comme dans l'hagiographie. Mais il s'agit de
marquer la distance entre le statut social du chevalier héroïque et le
statut sentimental de l'amoureux malheureux, réunis dans le même homme ; ce statut sentimental de déchéance est donc ramené, symbolique-
ment, à un statut social de même degré, en même temps que l'appartenance temporaire à l'espace d'exclusion de la société permet à l'amoureux de mener à bien un amour condamné par les normes sociales.

Dans les *Folies Tristan* (éd. J. Bédier, Paris, 1907), on est encore
tout près du masque rituel, cela se voit à tout ce qui nous paraît "invraisemblable" ou "maladroit" dans le récit : Tristan n'hésite pas, sous prétexte qu'un fou peut dire n'importe quoi, à raconter devant Marc ses propres aventures, au risque d'être reconnu ; une fois seul à seul avec
Iseut, il continue sa comédie, alors qu'il nous semble qu'elle ne sert
plus à rien. C'est que le rite par lequel le personnage masqué n'est jamais reconnu n'est pas vraiment l'effet de sa conduite, mais un principe
admis au départ ; et le fait qu'il joue la comédie n'est pas un simple
moyen naturel de berner l'adversaire, c'est un rite qui soumet l'allié lui-
même à un mystère initiatique. On est donc, là encore, fort loin d'une
comédie analysée et considérée comme un "mensonge" : le jeu de Tristan n'est pas ramené à un simple calcul destiné à berner le cocu, il fait
partie de la liturgie de l'amour.

Le rationaliste Thomas ne pouvait prendre le thème à ce niveau quasi-
mythique, mais il ne l'a pas ramené non plus à la banalité comique d'un
procédé de fabliau. Il a eu l'idée de génie de contaminer le retour de
Tristan et celui d'Alexis : l'écho de cette dernière légende, très connue
à son époque, est évident dans la scène où Tristan "lépreux" est bous-
culé par les domestiques et se réfugie sous l'escalier (éd. Wind, frag-
ment Douce vers 501-660 ; cf. trad. par G. Bianciotto, *Les poèmes de
Tristan et Iseut,* classiques Larousse, p. 134-137). Dans l'individualisme érémitique, Thomas a reconnu la même opposition aux institutions
sociales que dans l'amour de Tristan ; calquant les ambitions spirituel-
les de l'hagiographie, il substitue à la liturgie de l'adultère joyeux l'idé-
alisme tragique d'une passion.

On est donc loin de l'atmosphère des *Folies :* le déguisement n'a plus
un effet de quiproquo, mais un effet de révélation d'une identité profonde.
Dans les *Folies,* le masque était un élément de jeu qui contraignait l'être
des personnages, qui tendait à ramener Tristan à son aspect superficiel.
Ici, au contraire, le masque ne fait entrer dans le jeu que les figurants,
il ne donne aucune illusion à Iseut ni à Brengain, mais il met Tristan
dans sa vérité profonde de malade. Ce n'est plus un masque qui se pose
et qui s'arrache, qui met en valeur un point de contact pour mieux faire
valoir, en fin de compte, une différence radicale ; c'est un masque qui
sort de la peau, qui ne s'arrachera jamais vraiment, qui n'est un masque
que pour les non initiés, alors que le masque des *Folies* n'en est un que
pour les initiés. Le drame ne se passe pas entre gens masqués, le démasquage supprimant le drame ; chez Thomas, au contraire, il commence avec
le démasquage, c'est un drame secret qui se passe derrière les apparences superficielles de la vie sociale, mais qui intègre le masque lui-même
en révélant qu'il n'est pas un vrai masque.

En somme, malgré sa perspective laïque, Thomas a approfondi la signification spirituelle que suggérait déjà le thème hagiographique représenté dans *Saint Alexis :* le masque de déchéance est le signe d'une vie intérieure, personnelle, indépendante du statut social et du jugement exté-

rieur de la société. Comme l'a bien montré G.F. Jones (*The ethos of the Song of Roland*, Baltimore 1963), la culture du XIe siècle est encore en grande partie, suivant la terminologie des sociologues américains, une "shame culture"; les héros sont "other-directed", c'est l'estime de la société qui fonde leur vie morale; le tort de Jones est de rattacher cette *shame culture* à quelque obscure tradition germanique, et de l'opposer au Christianisme; en fait, le Christianisme du Haut Moyen Age est encore, à bien des égards, une mentalité *other-directed,* le chrétien étant plus responsable devant les autorités institutionnelles que devant Dieu (malgré les affirmations des auteurs spirituels) et la pénitence restant souvent publique.

C'est au XIIe siècle que se développe ce que le P. Chenu a appelé "l'éveil de la conscience dans la civilisation médiévale" (titre d'une plaquette publiée chez Vrin en 1969), et cet éveil s'est fait dans les perspectives laïques de l'amour courtois en même temps que dans les perspectives religieuses de la mystique cistercienne ou victorine. Or, il ne faudrait pas croire que cet éveil à la responsabilité intérieure ait amené le héros ou le saint à être simple, transparent, direct : l'exemple d'Alexis et de Tristan nous montre au contraire qu'il n'y a guère de vraie spiritualité sans masque, et qu'on ne peut être profondément soi-même sans assumer une certaine duplicité vis-à-vis d'autrui. Cette duplicité de la sincérité, cette sincérité de la duplicité, notre culture a refusé de l'admettre consciemment jusqu'à ce que Moreno en tire une thérapeutique paradoxale, mais elle l'a subie dès le moment où elle s'est vraiment intériorisée.

C. COURTOISIE ET SECRET DE L'AMOUR.

Si le thème du masque a pu être aussi employé dans la légende de Tristan, c'est que l'amour courtois est fondamentalement un amour masqué. Les œuvres des XIIe et XIIIe siècles insistent, d'une façon qui nous étonne, sur la règle du secret de l'amour : bien des histoires, comme *La Châtelaine de Vergi,* disent les tragiques conséquences qu'entraîne la violation de ce secret. Voilà pourquoi Faux-Semblant peut être l'allié d'Amours. L'amour est le sentiment du cœur, opposé à la réalité sociale et extérieure des alliances familiales, au calcul des parents pour "bien marier" la jeune fille comme au jeu du mari pour conserver visiblement la "saisine" de sa femme. Il ne peut échapper à ces contraintes sociales que par le secret, et même le mensonge.

Ce problème moral n'apparaît pas encore chez Guillaume de Lorris (il est invraisemblable de supposer, avec W. Ryding, que Faux-Semblant était prévu dans son schéma du roman). Dans son discours, le dieu d'Amours ne conseille à l'amoureux que d'être loyal à son égard :..."sans tricherie, Car je n'aim pas metoierie" (2231-2); il lui conseille tout au plus de "soi celer" près de la maison de la belle (2375-78, 2525-28), mais non de jouer la comédie; du reste, Raison ne songe aucunement, dans le sermon que lui prête Guillaume, à citer la nécessité de mentir parmi les inconvénients de l'amour. Devant Dangier, l'amoureux cherche la paix par l'amabilité, et non par un calcul retors (3144-3172), si bien qu'il peut se vanter "qu'il n'a point de fointise" (3226).

C'est chez Jean de Meun que l'amour apparaît comme "leautez la desleaus,

la desleautez leaus" (4265-6). Raison, qui emploie ces termes sans les expliquer, semble bien ensuite assimiler l'amour sexuel à la "fainte volonté
d'aimer" (4742) qui anime les flatteurs vis-à-vis des riches, dans la mesure où cet amour est orienté vers les biens extérieurs (5300-5340).

L'amoureux refuse alors de renoncer à la culture pour "ne sai quel
amour sauvage", pour revenir à un prétendu état de nature qu'il sent déjà
contraire à l'idéal de Nature, et qui, en tout cas, est inaccessible maintenant que "Baraz... tient en terre l'eritage" (5373). Ce personnage de
Barat, qu'avait évoqué Raison (5125), annonce déjà Faux Semblant, puisque le mot désigne un certain art de tourner les choses (par la parole ou
l'action) de façon à servir ses propres intérêts ; *Barat* n'est pas proprement la duplicité, mais, en acceptant de vivre dans le monde de la culture où il règne, l'amoureux se laisse entraîner à suivre les conseils
d'Ami, qui lui prescrit cette duplicité vis-à-vis de Malebouche : "Par
barat estuet barater, Servir, chuer, blandir, flater, Par hourt, par adula-
cion, Par fausse simulacion..." (7357-60). Car "si sachiez que font bone
euvre Qui les deceveors deçoivent : Sachiez qu'ainsinc fere le doivent
Tretuit amant, au mains li sage " (7312-15). Il ne s'agit encore là que de
tromper l'entourage médisant de la belle.

Il est beaucoup plus grave qu'Ami recommande aussi une attitude déguisée vis-à-vis de "Dangier, Honte et Peur", c'est-à-dire de certaines
attitudes de la bien-aimée : c'est devant celle-ci qu'il est recommandé
de se frotter les paupières de jus d'oignon pour avoir l'air de pleurer
(7433-7440). Jean de Meun paraît sentir l'énormité de la chose, car son
"Ami" précise aussitôt que cette tactique a été employée aussi bien par
des gens qui se sont avérés "fin ameor" que d'autres" qui onques par
amors n'amerent, Ainz decevoient les puceles". Notre amoureux est-il
bien de la première catégorie ? Ce n'est pas dit explicitement, et on a
quelque inquiétude en voyant Ami lui recommander ensuite de ne pas dire
à Dangier, Honte et Peur qu'il veut cueillir la rose, mais de se réclamer
de "l'amor leal et fine, De nete pensee enterine" (7561-6). La *fine amour*
apparaît bien ici comme un masque du simple désir sexuel... Et l'argument "on a raison de tromper les trompeurs", invoqué à propos des médisants, ne semble plus valable devant la femme aimée... à moins de tenir compte du passage où le même Ami rappelle les protestations de
Dangier, Honte et Peur cachent, en réalité, le désir de laisser cueillir
la Rose, "Car maintes genz sunt coustumieres D'avoir si diverses manières Qu'il veulent par force doner Ce qu'il n'osent abandoner, Et faignent
qu'il leur soit tolu Ce qu'il ont soffert et volu" (7665-7670).

Voilà la duplicité démasquée chez la femme et recommandée chez
l'homme, dans leurs rapports mutuels. L'amoureux, cette fois, a bien
compris le problème moral : il accuse Ami de vouloir faire de lui un *faus
ypocrites* (7766). Ce mot appartenait normalement au vocabulaire religieux (il lui appartiendra encore à l'époque de *Tartuffe),* mais Chrétien
de Troyes l'avait employé au moins deux fois à propos de l'amour, dans
Yvain (éd. Roques v. 2739) pour désigner l'amoureux déloyal qui aban-
donne son amie, et dans *Cligès* (éd. Micha v. 3046) pour qualifier l'amour
lui-même en tant qu'il déconcerte par son ambivalence, plaisir et dou-
leur à la fois. L'emprunt de ce mot savant nous montre bien que les auteurs courtois avaient conscience de la parenté entre leurs problèmes
d'amour et les problèmes religieux. Mais ce mot rejoignait aussi le domaine de l'idéal chevaleresque, qui condamne le "félon" : cela se voit
dans la réaction de l'amoureux, qui ne veut pas être "traître" et a la pré-
tention de défier Malebouche. Ami répond qu'il faut punir un traître par

la trahison. A la rigueur, cela peut être concevable pour un chevalier.

Mais, vers la fin de son discours, Ami en revient aux conseils de duplicité vis-à-vis de la bien-aimée elle-même : s'il la surprend en flagrant délit de trahison, il doit "faire semblant d'être aveugle" (9667-9672) ; il doit nier toute possibilité qu'elle trahisse devant ceux qui lui en apportent la preuve certaine (9695-9702) ; et surtout, Ami envisage le cas où l'amoureux voudra trahir son amie, et lui conseille, pour ce cas, toute une petite comédie (9745-9822). On est vraiment bien au-delà de la "mezura" des troubadours, du "contrôle de son attitude" auquel W. Ryding voudrait ramener le rôle de Faux-Semblant dans l'amour. Après cela, le conseil de raconter à sa belle des songes imaginaires (9853-9864, avec les mots *faindre, mançonger, fables*) ou celui de vanter sa beauté alors qu'elle est laide (9921-9928) paraissent anodins ; la duplicité fait partie intégrante de l'amour. Vaincu, l'amoureux ne proteste plus ; il semble avoir accepté maintenant d'être "traître".

Plusieurs fois apparaît ainsi, dans le discours d'Ami, l'idée du faux serment : l'amoureux doit *jurer* contre la vérité. Avec cette notion, nous arrivons au cœur du problème. Le serment est un acte typique de la "shame culture" à dominante magique : celui qui jure s'enferme dans un mode d'être et d'action dont il ne peut sortir faute d'un sentiment suffisant de sa personnalité individuelle, il se sent "other-directed", entraîné par les forces sociales et surnaturelles. Quant apparaît, dans l'amour courtois, le sentiment de cette personnalité, il se situe sur un autre plan que le domaine magico-social où se place le serment. Celui-ci n'engage que l'activité dans le domaine du rite et de la société, c'est-à-dire l'activité qui se voit, qui se juge d'un point de vue formel.

Aussi, lorsqu'Iseut doit "s'escondire" d'avoir aimé Tristan, jurer que ce n'est pas vrai pour se disculper, il lui suffit, à ses yeux, de faire un serment formellement, extérieurement vrai : il est bien vrai que jamais n'a pénétré entre ses cuisses aucun autre homme que le roi Marc et le lépreux qui vient de lui faire passer le gué sur ses épaules. Certes, il y a duplicité, puisque ce lépreux est Tristan déguisé, et que le but d'Iseut est de faire comprendre la phrase en un autre sens que celui où elle est vraie. Mais cette duplicité se situe dans le domaine des intentions, où Iseut, n'ayant pas lu les théologiens, ne semble pas faire entrer Dieu. Aucune des versions anciennes de Tristan ne semble avoir marqué de blâme vis-à-vis de son "escondit". Gottfried de Strasbourg a sans doute été le premier à se scandaliser : Iseut, dit-il, fait de Dieu une girouette, qui dit tantôt blanc et tantôt noir. Il veut dire par là que Dieu ne peut pas cautionner à la fois deux sens pour une même phrase, mais il est significatif qu'il doive pour cela transposer la duplicité sur le plan de la durée : la contradiction entre deux significations n'apparaît guère encore, à son époque, que si les deux significations sont utilisées à des moments différents ; *mentir* signifie encore très souvent "ne plus vouloir faire aujourd'hui ce qu'on avait promis hier" (cf. *Aucassin et Nicolette,* chap. X) ; le "roi qui ne ment" est celui qui tient sa parole (cf. mon article des *Mélanges P. Le Gentil).* Celui qui est à craindre, c'est celui qui est "divers", sur qui on ne peut pas compter : c'était, dans le *Roland,* un cas exceptionnel, vite rejeté par le fonctionnement normal de la société ; au XIIe et surtout au XIIIe siècle, c'est un personnage dont on sent et on craint de plus en plus la présence partout. Mais ce qui est terrible, c'est que cette présence, on la sent particulièrement là où se développe le rôle de l'intelligence et celui de la spiritualité personnelle.

D. RENARDIE ET PAPELARDIE.

Dans les récits traditionnels, chez la plupart des peuples, le lien entre intelligence et duplicité se concrétise dans le personnage du *trickster,* "décepteur" ou plutôt "mystificateur", qui feinte les gens sérieux par de mauvaises plaisanteries, soit gratuites et cosmogoniques (un peu comme l'Arthur d'*Intermezzo),* soit intéressées et personnelles, et souvent à la limite de ces deux interprétations. Ce personnage est représenté par divers animaux comme le carcajou, le chacal ou le renard. Le rôle de défoulement qu'il joue pour le public est évident : le lecteur s'identifie à lui pour se libérer des contraintes sociales en imagination, comme nos enfants en lisant *Pim-Pam-Poum.* Claude Lévi-Strauss en a tenté, à propos du carcajou, une autre interprétation qui est peut-être, au fond, la même *(La pensée sauvage,* p.67-72) : l'animal décepteur est celui qui surmonte la contradiction chasseur/gibier, et son rôle est lié à l'introduction d'une composante d'impureté dans la conduite humaine : la souillure représente la conjonction de deux termes normalement opposés, et l'impureté morale de la ruse peut jouer le même rôle de dépassement momentané et risqué des oppositions normalement admises (donc, sur le plan affectif, un rôle de libération vis-à-vis des tensions).

Or, ce dépassement de l'opposition chasseur-gibier a peut-être encore plus d'importance que ne lui en donne Claude Lévi-Strauss : il serait fondamental dans le développement de l'intelligence humaine si l'on admet, avec Edgar Morin, que l'homme ait été, à l'origine, un "chassé sachant chasser" *(Le paradigme perdu,* ouvrage déjà cité), donc une sorte de carcajou. Tout en ayant l'air de détraquer les mécanismes normaux de la nature, l'animal décepteur est souvent un facteur de progrès.

Le rôle du renard dans l'ensemble des recueils ésopiques n'est pas aussi égoïste et négatif qu'on le croit souvent d'après quelques fables trop connues. Le plus mauvais rôle, y compris la ruse du déguisement, est plutôt confié au loup : le thème du loup déguisé en mouton *(Rose,* 11 093-11 102), inspiré à la fois des fables et de l'Evangile, fleurit dès le Haut Moyen Age. À l'époque même de *Saint Alexis,* d'après la datation la plus probable (vers 1040), la première œuvre un peu développée du cycle de Renart, l'*Ecbasis captivi,* donne le beau rôle à sa "monastica vulpes" : cette renarde sauve le veau des griffes du loup dans l'histoire formant le sujet principal du poème, et sauve le roi de la maladie dans le récit qui y est inséré. Et pourtant elle est rusée et menteuse, "mêlant le vrai au faux" (v. 482) comme Gerson reprochera à Jean de Meun de le faire... Sur ce plan de l'intelligence, comme sur celui de la spiritualité représenté par *Saint Alexis,* les avantages d'une certaine duplicité, en face de la brutalité simpliste de certaines mœurs féodales, semblent alors trop vivement sentis pour qu'on prenne toujours conscience de ses inconvénients.

Le personnage du renard reprend plus nettement le rôle de *trickster* au XIIe siècle avec l'*Isengrimus* de Nivard et les premières branches du *Roman de Renart.* A ce moment, l'idéologie sociale est encore mal intériorisée, elle est peu contraignante au niveau de l'inconscient, et permet un "défoulement" facile, dans le rôle d'un personnage chez qui se dépasse la contradiction de l'autorité sociale et de l'initiative individuelle – dépassement qui commence pourtant à aller plus loin que celui que réalisait la chevalerie, puisqu'il ruine les règles morales essentielles de celle-ci : loyauté envers les pairs et bonté envers les faibles. Renart est la "diversité" personnifiée, l'être séduisant et dangereux dont on ne peut prévoir

la conduite, mais à qui l'on sait encore gré de bousculer quelque peu
l'ordre établi.

Mais, à mesure qu'on prend conscience d'une opposition possible entre
intelligence et justice, un véritable danger moral apparaît dans la ruse.
Renart est alors "moralisé", devenant (après 1250) une incarnation du
Mal, un personnage avec lequel on ne saurait s'avouer qu'on sympathise.
La parodie tend à devenir plus violente, parce que l'intériorisation de
l'idéologie accentue les malaises du refoulement. D'où *Renart le Nouvel*
de Jacquemart Giélée (1289) et *Renart le Contrefait* (1319-1342), où le ·
personnage symbolise le Vice triomphant et régnant sur le monde. Mais,
entre temps, il a été engagé de façon plus précise dans les controverses
du XIIIe siècle, par Philippe de Novare, par Rutebeuf (*Renart le Bestour-
né*, 1261, où il n'apparaît en fait que par allusions) et surtout dans l'anonyme *Couronnement de Renart,* écrit sans doute peu avant la seconde partie du *Roman de la Rose :* on y voit Renart devenu frère Mendiant (mi-Ja-
cobin, mi-Cordelier), et qui, par un long sermon vantant la pauvreté volontaire, prépare son élection à la succession du lion malade, puis, une fois
couronné, devient le conseiller du Pape et des rois. Dans ce poème,
Renart représente l'hypocrisie à la fois par son déguisement (on ne le reconnaît pas sous la robe) et par certaines conduites (par exemple il refuse les présents pour lui, mais les fait accepter par sa femme et son fils) ;
et, en même temps, son élection comme roi a pour prétexte qu'il faut préférer l'intelligence à la force (représentée par le léopard) ; hypocrisie et
intelligence sont ainsi synthétisées sous la robe des Mendiants. Le personnage du "trickster" a rejoint celui du "papelard".

Ce dernier est lié à la satire anti-monacale, à peu près inexistante au
Haut Moyen Age, et qui apparaît vers l'an mille sous forme polémique,
sous la plume des évêques aux prises avec les chefs des grandes abbayes :
Arnoul d'Orléans, dans son libelle *De cartilagine* dirigé contre l'abbé de
Fleury Abbon, reproche à celui-ci de paraître protéger ses moines fugitifs
en ne reconnaissant pas le droit de les arrêter à l'autorité épiscopale :
or, ces fugitifs, dit Arnoul, n'ont la robe monacale que "simulata religione",
et la contredisent par leur conduite immorale. Vers 1020, un autre évêque,
Adalbéron de Laon, se déchaîne contre les Clunisiens dans son *Carmen
ad Robertum regem :* il y représente un moine envoyé en messager à Cluny
et qui en revient transformé par l'abbé Odilon en un guerrier fanfaron – la
contradiction des deux rôles, ici encore, est expliquée par une succession
temporelle, mais ses deux termes contradictoires deviennent simultanés
dans la formule "monachorum bellicus ordo". A la fin du siècle, un poème
de Serlon de Bayeux contre les moines de Caen développe encore le thème du moine-chevalier : "fit monachus miles, sed fit de paupere dives".

Le ton change avec le développement de l'érémitisme et des nouveaux
ordres religieux vers 1100. Nous avons vu comment un des modèles littéraires de ce mouvement, Saint Alexis, pouvait paraître pousser le paradoxe à la limite de la duplicité en bouleversant le schéma des "états"
sociaux. De plus, l'humilité systématique, aujourd'hui encore, fait souvent l'effet d'être le contraire d'une attitude de franchise ; elle implique
plus ou moins qu'on renonce de façon durable aux buts que l'on s'est soi-
même fixés, ce qui est absurde, cette renonciation paraît donc ne pouvoir
être qu'un calcul. Certes, la contradiction disparaît dans la perspective
surnaturelle, si l'ermite s'isole réellement et ne poursuit plus aucun but
dans la société : l'affaire se règle alors entre Dieu et lui, les hommes
ne sont plus juges de sa sincérité. Mais, dès le XIe siècle, les "ermites"
sont souvent (cf. chapitre 6) des prédicateurs populaires qui, bien loin de

chercher le "désert", viennent dans la foule des villes, sans y avoir aucune fonction institutionnelle, ce qui les réduit à vivre d'aumônes.

A ce moment, leur conduite paraît contradictoire : ils prétendent "fuir
le monde", s'arracher à la société, et ils reviennent à elle pour vivre
d'elle en parasites. "Sed parasitum res probat istum, non heremitam",
dit Payen Bolotin, chanoine de Chartres, dans son poème "contre les faux
ermites" écrit vers 1130 (publié en 1958 par Dom Leclercq dans la *Revue
Bénédictine*). Il y a déjà dans ce poème la plupart des arguments qui se-
ront rabâchés aux XIIIe et XIVe siècles contre les Ordres Mendiants : le
contraste entre la pauvreté affectée et l'avidité à recevoir des dons ou à
engloutir des repas luxueux, entre l'humilité prétendue et les fonctions
de conseiller remplies auprès des princes et des prélats ; les plaintes sur
la méchanceté et l'injustice des critiques faites aux cénobites ; les ironies sur ces ermites fuyant leurs ermitages pour les villes (*Rose*, 11 671
sqq), sur le pullulement de nouveaux habits religieux de toutes les couleurs, sur le prêche excellent mais non accompagné du bon exemple ;
quelques points plus particuliers se retrouvent chez Jean de Meun, comme le thème de Protée (Payen Bolotin v. 140, *Rose* 11 149 sqq), celui du
cheval blanc de l'Apocalypse (v. 173, *Rose* 12 037-12 044), celui des dis-
cordes fomentées par les religieux (v. 156, *Rose* 11 607 sqq), celui des
nouveautés dogmatiques (v. 50, cp. *Rose* 11 761 sqq), et les protestations
du satirique affirmant qu'il ne vise pas les vrais saints (v. 315-16, *Rose*
15 221 sqq) et prétendant ne pas vouloir mépriser l'habit du pauvre (v. 311,
"non quia vestes exteriores vilificemus", cp. *Rose* 11 923 sqq). Cependant Payen Bolotin, non content de se plaindre que les nouveaux religieux
méprisent la noblesse (v. 27, "Nobilitatem nullus honorat nec probitatem",
cp. *Rose* 11 897-11 900), laisse éclater son mépris pour l'origine modeste
des "faux ermites", qui ne sont que des *rustici* gonflés par leur ascen-
sion sociale (v. 117-120, cp. les convers de Gautier de Coincy dans mon
Français Médiéval p. 188), des *tunicati* dont l'habit révèle plutôt une
naissance en milieu vulgaire qu'un véritable ascétisme. Jean de Meun,
qui prétend soutenir les pauvres, se gardera bien de ces critiques, mais
elles sont révélatrices d'un glissement par rapport à l'image de l'ermite
dans *Saint Alexis* : le statut de faible n'est plus en contraste avec une
nature originelle de puissant, mais avec une conduite ultérieure d'ambi-
tieux, ce qui justifie l'interprétation du contraste par le mot *ypocrita*.

Ce mot va devenir le terme-clé des attaques du même genre contre les
nouveau religieux, attaques qui se multiplient après 1150 ; il fournit le
titre d'un chapitre de Jean de Salisbury (*Policraticus*, VII, 21), principalement dirigé contre les Templiers et les Hospitaliers, et insistant lourdement sur les usurpations et les exemptions par lesquelles les nouveaux
ordres privent les églises de leurs revenus. Le mot "hypocrite" se réfère
pourtant à un texte évangélique (*Matthieu*, XXIII) dirigé contre le forma-
lisme des scribes et des Pharisiens, que le Christ n'accuse aucunement
d'affecter l'humilité, au contraire (il les accuse de chercher les premières
places, dans un passage repris assez maladroitement par Jean de Meun,
Rose 11 597-11 600), leur duplicité résidant plutôt dans le contraste entre
la lettre des rites, qu'ils suivent, et l'esprit, qu'ils oublient ; à distance,
ce texte nous paraît s'appliquer mieux à une partie du clergé séculier des
XIIe et XIIIe siècles qu'aux religieux de nouveau style. Mais les moralistes traditionalistes ont vu le texte de Saint Mathieu sous un autre angle
que nous : ils y ont vu le contraste entre une certaine volonté de puissance et une attitude laissant apparaître de façon voyante les préoccupations
religieuses, ce qui s'appliquait sans doute encore mieux aux Ordres Men-

diants qu'aux "ermites" du XIIe siècle.

Le trait caractéristique de cette attitude, aux yeux du bon peuple, c'était évidemment de marmonner sans cesse des prières, en remuant les lèvres (on ne savait guère lire ou réciter "bouche fermée"). Les deux mots de *béguin* et de *papelard* viennent à peu près certainement de verbes indiquant ce mouvement des lèvres. Ces deux mots sont au centre de la principale tirade contre les "hypocrites" au début du XIIIe siècle, la digression insérée par Gautier de Coincy dans sa *Vie de Sainte Léocade* (vers 1147 à 1698 ; éd. Eva Vilamo-Pennti, Helsinki 1950, p. 168-191). Bien sûr, Gautier cherche à expliquer ces deux mots par des étymologies artificielles, mais il serait ridicule (bien que des philologues respectables l'aient fait !) de prendre ces explications au sérieux : il rattache *béguin* à *bégon* qui veut dire "purin" dans les patois du Nord-Est ; et il dit : "tel fait souvent le papelart qui par derrière pape lard", ce qui revient à *opposer* l'attitude du papelard avec le fait qu'il "mange du lard" (en carême), cela exclut donc évidemment que le mot vienne de "pape-lard" (sinon, ces deux vers seraient une tautologie stupide). Cependant, il ne faudrait pas non plus, à l'opposé, croire que le mot *papelart* n'ait pas été péjoratif à l'origine, comme le prétendent bizarrement E. Faral et J. Bastin dans leur édition de Rutebeuf (tome I, p. 316 et 331, tome II, p. 222 ; en fait, dans les textes de Rutebeuf, le mot est *toujours* péjoratif). *Papelard,* à l'origine a dû être un terme moqueur, l'équivalent de *bigot* en français moderne, indiquant une attitude d'affectation, mais non de duplicité. *Béguin* aussi, mais ce mot, et surtout son féminin *béguine,* ont été assumés par les intéressés (des laïcs menant une vie religieuse sans prononcer de vœux) grâce à une fausse étymologie les rattachant à *benignus.*

Les moralistes du XIIIe siècle rapprochent franchement la *papelardie* de *l'hypocrisie,* jusqu'à en faire de quasi-synonymes ; de même Guillaume de Lorris, dans son portrait de Papelardie, "qui sembla bien être ypocrite" (v. 406) ; l'interprétation de Lewis, pour qui ce personnage (une des "figures du mur") ne représentait que la pruderie féminine, est peu défendable : il s'agit bien de la religiosité affectée (cf. *fame randue* = "religieuse", *sautier* = "psautier"), assimilée à l'attitude du chat, d'où le mot *marmiteus* du vers 411, mot dérivé de *marmite* qu'on retrouve dans *Sainte Léocade :* "Tiex fait le simple et le marmite..." (v. 1211) "La marmite, la mitemoue, Font tant..." (1559-60, cf. la note de l'édition au vers 1012). L'interprétation de M. Lecoy dans son glossaire *(marmiteus* = "lamentable", sans doute d'après certains emplois dialectaux du mot) est peu vraisemblable pour ce passage (sur *marmite,* consulter P. Guiraud, *Structures étymologiques du lexique français,* p. 118-120 et passim).

Faux-Semblant rejoint aussi le personnage de Tibert, le chat du *Roman de Renart,* par son attitude extérieure. Mais il est un Renart complet (v. 11 493), formé d'un caractère profond de loup (Isengrin, v. 11095) et d'une attitude de chat (Tibert, 11 038 : en principe, la comparaison porte sur la *relation* chat-souris, mais, en fait, elle suggère une ressemblance avec le chat) ; sur cette définition de Renart comme personnage "entre chat et loup", tel qu'il est encore chez La Fontaine, voir les p. 68-69 de mon article "Renardie et asnerie" *(Europe,* mars 1972). Le Renart du *Roman* a cependant un trait caractéristique manquant au chat et au loup, le *barat,* mais c'est aussi une caractéristique de Faux-Semblant (v. 11 040). La papelardie rejoint donc tout à fait la renardie : il y a évidemment parenté et presque même fusion entre ces deux types littéraires au XIIIe siècle. Du reste, le plus ancien exemple de *papelard* paraît se trouver dans le *Roman de Renart* (éd. Roques, t. III, v. 8699) : "et il fait mout le papelart" ; cet épisode (écrit sans doute vers 1190) est un de ceux qui développent le thème du *moniage Renart* (Renart se faisant moine), qui côtoie et remplace peu à peu le thème du *moniage Isangrin,* plus comique, mais, en fin de compte, moins inquiétant. Car le loup a vite fait de rejeter le froc et de montrer sa nature de brutal ; Renart, au contraire, peut tromper longtemps, car il est intelligent, et il sait si bien faire le petit saint qu'on peut croire avoir affaire à un personnage animé d'une véritable spiritualité – et, inversement, on risque de prendre un saint pour un Renart. Méfiance envers les gens trop malins, méfiance envers les petits saints, voilà où en viennent les hommes du XIIIe siècle : mais ils n'en viendraient pas là s'ils n'avaient pas, plus que leurs ancêtres, une forte attirance pour cette intelligence et cette spiritualité dont l'éclat est si dangereux.

E. LA MORT DE MALEBOUCHE ET DE LA "SHAME CULTURE".

Si Faux-Semblant est tellement dangereux, ce n'est pas parce que la fausse figure qu'il présente est celle du modèle idéal offert aux hommes par l'idéologie de son époque (en ce cas, ils s'appellerait Papelardie et non Faux-semblant) ; c'est parce que le fait même de composer sa figure, ce fait qui lui donne son nom, est de plus en plus impliqué dans ce modèle idéal lui-même, et représente une des plus belles virtualités de cette intelligence humaine qui découvre ses possibilités dans les Universités naissantes.

La "pauvreté volontaire" des Mendiants n'est qu'un aspect d'une spiritualité nouvelle qui récuse la transparence des "estats" sociaux. Jusquelà, on ne disait "l'habit ne fait pas le moine" que par paradoxe, pour signaler des cas exceptionnels ; normalement, le moine était moine, le clerc était clerc, le laïc était laïc. Et voilà que maintenant "on peut trouver religion en seculières mansions" : le dieu d'Amours n'en revient pas ! Chaque homme peut assumer à la fois deux rôles, un rôle social et un rôle spirituel, qui peuvent ne pas correspondre. Duplicité bienfaisante ou malfaisante, selon que le rôle spirituel est supérieur au rôle social (v. 11 061 sqq) ou inférieur (10 993-11 052), mais duplicité de même type dans les deux cas, d'où la proximité étonnante de ces deux tirades et l'ambivalence de l'exclamation qui les sépare. Du reste, après tout, les échelles de valeurs ne sont pas immuables : Jean de Meun condamne le "faux religieux" s'il est cupide, parasite, usurpateur de droits, médisant ; mais que dirait-il du Cordelier paillard, héros de tant de contes du XIVe au XVIe siècle ? Sa théorie de l'amour devrait lui donner bien de la sympathie pour ce papelard-là, qui fait l'œuvre de Nature sans s'astreindre au mariage ni à la "courtoisie", et qui est pourtant une des incarnations les plus simples de Faux-Semblant (on se demande comment A.F. Gunn a pu croire que l'épisode était une attaque du "célibat monastique" : rien ne le dit dans le texte, et une telle arrière-pensée contredirait les théories anti-matrimoniales que Jean de Meun cite avec complaisance, celles d'Héloïse par exemple).

Même s'il n'y a pas duplicité active, il peut y avoir duplicité passive, par le *secret*. Nous avons vu que la duplicité commence à prendre une valeur positive, dans le *Roman de la Rose,* avec le thème du secret en amour. Or, la scène de Malebouche (v. 12 003-12 350) reprend sous deux formes l'idée de secret. D'abord, la faute reprochée à Malebouche, celle qui définit sa nature est la violation des secrets : il ne sait pas "sa langue

refrener". Et puis, cette scène est une scène de confession. Or, le XIIIᵉ
siècle a confirmé et prescrit explicitement (au Concile de 1215) la pratique régulière de la confession auriculaire, secrète. Pratique, certes,
déjà ancienne, et qui ne s'est pas imposée brutalement, mais qui prend
une telle importance que c'est elle qui suscite les conflits de compéten-
ce les plus répandus entre les séculiers et les Mendiants. Cette pratique
est peut-être le fait capital dans le passage de la "shame culture" à la
"guilt culture".

Des textes de l'époque montrent une liaison maladroite, mais significative entre l'idée de secret et l'idée de pénitence : ils semblent impli-
quer que les péchés doivent rester secrets pour que le coupable puisse
s'amender. Jean-Charles Payen (*Le motif du repentir dans la littérature
française médiévale*, Droz, 1967, p. 523,524 et 528) cite trois contes pieux
où c'est le diable qui, pour tenter d'éviter que le pécheur ne sauve son
âme, révèle les méfaits de ce pécheur, lui-même ou par l'intermédiaire
d'un confesseur ne respectant pas le *sigillum*, si bien qu'il faut une intervention miraculeuse de la Vierge pour rétablir la situation. Le secret
du confessionnal, bien respecté, coupe ses moyens à la médisance et
facilite ainsi le progrès moral...

Et pourtant, dans la *shame culture,* c'était la médisance, c'était Malebouche qui assurait l'équilibre moral des hommes, en déclenchant le pro-
cessus de contrôle de leurs actes, fondé sur le souci de l'opinion publique. Mais Malebouche ne peut rien contre la duplicité : Faux-Semblant le
met à mort, et achève ainsi le passage à la *guilt culture,* où chacun est
responsable devant sa propre conscience, et avoue dans le secret du confessionnal ses fautes commises elles aussi dans le secret, l'intention
étant maintenant l'élément capital de la faute. Jean de Meun représente
admirablement ce passage : Malebouche se confesse, fait paradoxal qui
ne peut le conduire qu'à la mort, la confession privée relevant d'un autre
univers moral que la médisance.

La duplicité apparaît ainsi comme le moyen douloureux et paradoxal
d'un immense progrès dans la conscience morale. Celui qui se reconnaît
coupable vis-à-vis de lui-même est double, il est le juge et l'accusé, il est
le Bien et le Mal à la fois. Le cynisme étonnant de Faux-Semblant, qui
semble se contredire en affirmant sa haine de Guillaume de Saint-Amour
et en le justifiant en même temps, en dévoilant les erreurs de l'*Evangile
éternel* et en se félicitant de leur diffusion, en vantant à la fois l'immora-
lité cachée sous l'habit religieux et la spiritualité cachée sous des habits
laïcs, tout cela caricature cette attitude de la conscience morale, représentée comme conservant ses contradictions au lieu de les surmonter.

Pourquoi cette caricature ? Peut-être parce que, en fin de compte, le
progrès *spirituel* contenu dans le développement de la duplicité n'a pas
tellement attiré Jean de Meun, qui a dû être séduit plutôt par l'aspect
intellectuel du phénomène, par cette explosion de l'intelligence qui ren-
dait Renart si attirant, et qui faisait une grande partie de la supériorité
des "Mendiants" sur les vieux "ermites". Ce jacobin italien qui avait
renversé Guillaume de Saint-Amour, et qui attirait maintenant les foules
dans une des chaires contestées, Jean de Meun, qui le rencontrait peut-
être tous les jours dans sa propre rue, a bien dû sentir que c'était l'homme le plus intelligent que l'Europe eût connu depuis huit siècles ; mais
il n'en a sans doute été que plus méfiant pour ce renard.

Cette sympathie purement intellectualiste lui avait fait accepter que
la duplicité entrât dans sa comédie sous la forme des procédés déloyaux
de séduction, et non sous la forme d'un approfondissement spirituel de

l'amour. A vrai dire, ces procédés déloyaux , il aurait pu les justifier par les besoins de la nature même : la parade nuptiale des mâles, chez les animaux, est déjà hypocrisie, puisqu'elle attire les femelles par des prestiges qui ne leur serviront à rien. Mais cette déloyauté nécessaire à un moment de l'entreprise amoureuse, il n'a pas cherché à avoir pour elle une sympathie morale, une véritable compréhension, il s'est contenté de la considérer avec une curiosité intellectuelle qui l'a poussé à élargir la notion, à la caricaturer, à y retrouver le thème traditionnel des attaques contre les rivaux détestés de son maître Guillaume. Peut-être a-t-il senti, en racontant la mort de Malebouche, que le succès de son héros sur les médisants était un élément typique de la naissance d'une nouvelle culture ; mais cette culture dont il saluait et utilisait le triomphe, elle n'attirait que sa curiosité méfiante, et il la refusait. Dans la mort d'une culture traditionnelle qui avait condamné l'amour, il ne voulait pas voir la naissance d'une nouvelle culture plus difficile, moins sécurisante ; il voulait retrouver sa chère Nature.

Alors, il a fait fuir Faux-Semblant (laissant là, tout de même, Contrainte Abstinence), pendant que Nature proposait un autre type d'approfondissement de l'amour, ne voulant voir en celui-ci qu'une attraction vers la vie au lieu d'y voir la synthèse de deux attitudes contraires, une attraction et un mépris comme dans l'amour courtois exposé par Ami, une attraction vers la vie et une attraction vers la mort comme dans l'amour romantique de *Tristan.* Jean de Meun a préféré un hypernaturalisme où l'homme se réduit à son "bâton" et à sa "besace", la femme à sa "santele estroite". Un "humanisme", peut-être, en tant que ce mot oppose l'homme aux dieux et non aux animaux. Mais un humanisme qui nie la complexité et les contradictions de l'homme, et qui retombe, malgré lui, sous la coupe d'une "Raison" décevante, en voulant croire, avec Abélard et contre l'évidence, que "la vérité n'est pas ennemie de la vérité".

CHRONOLOGIE SOMMAIRE
SITUANT LA QUERELLE MENDIANTS - UNIVERSITE

1200 .... Privilège de Philippe-Auguste aux écoles de Paris.

1208-1209... Saint Dominique et Saint François fondent leurs premières communautés.

1209-1213... Croisade contre les Albigeois.

1215 .... Statuts de Robert de Courson pour les écoles de Paris (appelées en 1221 *Universitas*). - Quatrième Concile de Latran (la confession annuelle "chacun à son propre prêtre" rendue obligatoire).

1221 .... Mort de Saint Dominique (canonisé en 1234).

1226 .... Avènement de Saint Louis. - Mort de Saint François (canonisé en 1228).

1229-1231... Grève de l'Université de Paris. Un maître se fait dominicain, un autre franciscain, et leurs chaires restent acquises aux deux ordres, ainsi qu'une seconde chaire aux Dominicains.

1230 .... Bulle *Quo elongati*, créant un système évitant aux Franciscains la propriété de leurs biens.

1242-1248... Albert le Grand occupe une des deux chaires dominicaines (Saint Thomas d'Aquin est parmi ses élèves).

1248-1254... Septième croisade (Saint Louis prisonnier en Egypte).

1252 .... Nouveau statut universitaire : une seule chaire par ordre.

1253 .... Grève universitaire ; excommunication des maîtres Mendiants, annulée par le Pape.

1254 .... Gérard de Borgo San Donnino, *Introduction à l'Evangile éternel*. - Innocent IV se retourne contre les Mendiants (bulle *Etsi animarum*, 21 novembre, leur retirant leurs privilèges).

décembre 1254 Alexandre IV pape. Bulle *Nec insolitum* cassant celle d'Innocent IV.

avril 1255 Bulle *Quasi lignum vitae* et condamnation des maîtres séculiers.

septembre-décembre 1255 Condamnation de l'*Evangile éternel*. - Polémique entre Guillaume de Saint-Amour et Saint Bonaventure.

mars 1256 Guillaume de Saint-Amour, *De periculis novissimorum temporum*.

été 1256 Synode de Paris. - Saint Thomas d'Aquin, *Contra impugnantes*.

octobre-novembre 1256 Condamnation du *De Periculis* à Rome. - Exil de Guillaume à Saint-Amour.

1257 .... Fondation de la Sorbonne.

1257-1258... Rutebeuf, *Du Pharisien*, et autres poésies favorables à Guillaume de Saint-Amour.

1259 .... Thomas d'Aquin quitte Paris pour l'Italie.

1266 .... Guillaume de Saint-Amour, *Collectiones Catholicae*.

1266-1273... Saint Thomas d'Aquin, *Somme théologique*.

octobre 1268 Mort de Conradin (*terminus post quem* pour dater le texte de Jean de Meun). - Retour à Paris de Thomas d'Aquin.

31 décembre 1268 Sermon de Gérard d'Abbeville relançant la polémique contre les Mendiants.

1269 .... Gérard d'Abbeville, *Contra adversarium perfectionis christianae*. - Bonaventure, *Apologia pauperum*. - Thomas d'Aquin, *De perfectione vitae spiritualis*.

1270 .... Suite de la polémique (Gérard d'Abbeville et Nicolas de Lisieux contre Thomas d'Aquin et Jean Peckham). - Première condamnation de l'"averroïsme". - Mort de Saint Louis.

1272 .... Mort de Guillaume de Saint-Amour.

1274 .... Deuxième Concile de Lyon (suppression des petits ordres mendiants). - Mort de Saint Thomas d'Aquin et de Saint Bonaventure.

1277 .... Catalogue de 219 erreurs condamnées par l'évêque de Paris.

1279 .... Bulle *Exiit qui seminat* en faveur des Mendiants.

1281 .... Bulle *Ad fructus uberes* assez favorable aux Mendiants, suivie d'une polémique sur son application.

1300 .... Boniface VIII, bulle *Super cathedram* restreignant les privilèges des Mendiants.

1303 .... Attentat d'Anagni. - Mort de Boniface VIII.

1304 .... Bulle *Inter cunctas* rendant aux Mendiants leurs privilèges.

1322 .... Condamnation des "Spirituels" par Jean XXII, qui oblige les Franciscains à posséder les biens dont ils jouissent.

1323 .... Canonisation de Saint Thomas d'Aquin.

CHAPITRE 8

NOTES SUR LA LANGUE DE JEAN DE MEUN (vers 8227-10.734)

Les abréviations suivantes renverront aux ouvrages courants :

Ch. = Jacques CHAURAND, *Introduction à la dialectologie française* (Bordas), ouvrage vivement recommandé ;

FM = Jean BATANY, *Français Médiéval* (Bordas) ;

Fouché Phon. = Pierre FOUCHE, *Phonétique historique du français,* 3 vol. (Klincksieck) ;

Fouché Vb. = Pierre FOUCHE, *Le verbe français, étude morphologique,* nouvelle éd.; 1967 (Klincksieck) ;

Gloss. = Glossaire de M. LECOY dans son édition du *Roman de la Rose* (tome III) ;

Langl. = édition LANGLOIS du *Roman de la Rose,* tome I : *Introduction ;*

Ménard = *Manuel d'ancien français* dirigé par Y. Lefèvre, tome 3, *Syntaxe,* par Philippe MENARD ;

Pope = Mildred-K. POPE, *From Latin to Modern French* (Manchester University Press) ;

TL = TOBLER et LOMMATZSCH, *Altfranzösisches Wörterbuch* (éd. Steiner, Wiesbaden).

A. REMARQUES GENERALES OU RAPIDES.

1. DIERESES.

On doit faire bien attention au *rythme de l'octosyllabe,* toujours respecté par Jean de Meun. En particulier, respecter les *hiatus* normaux en ancien français, et que l'éditeur ne signale donc pas par un tréma, mais qu'il ne faut pas confondre avec les *diphtongues* correspondantes ; bien séparer les syllabes dans des mots comme *an-ci-en, an-vi-euses, au-di-en-ce, pa-ci-ence, en-ten-ci-on, mer-ci-er* (vers 9719, infinitif, à distinguer du nom *mer-cier,* 2 syllabes).

2. NOU.

La forme *nou* représente *"l'enclise"* de ne le (ordinairement *nel)* ; pour l'explication de cette forme, cf. Ch. p. 67. Noter cependant qu'aux vers 8660, 9884 et 10730, elle résulte d'une correction de M. Lecoy.

3. NE QUEL.

Au vers 9174, *ne quel* semble avoir le sens habituel de *ne que,* "pas plus que" (Ménard § 107). On retrouve l'expression aux vers 4569, 4786 *(ne quels)*, 6562 *(ne quels),* et dans un autre manuscrit, d'après Langlois, au vers 17 109. Pol JONAS, dans sa thèse récente sur *Les systèmes comparatifs à deux termes en ancien français* (Bruxelles, éd. de l'Université, 1971), signale que l'expression existe également dans certains manuscrits de Jean Renart et de Gautier de Coincy, mais, prudemment, il n'en propose aucune explication (p. 195-197). Il est possible que *ne quel* dorme dans des apparats critiques et des manuscrits, ayant été corrigé en *ne que* par des éditeurs.

4. DESINENCES VERBALES.

On notera l'emploi simultané, dans le manuscrit suivi par M. Lecoy, de la terminaison *-on* (sans *s)* de 1e pl., qui est plutôt une forme de l'Ouest, et de la terminaison *-oiz* de 2e pl. du futur, qui est plutôt une forme de l'Est au XIIIe s. (cf. Ch. p. 113 et 114-115). Ces deux formes ont pu se rencontrer dans la région Orléanais-Champagne.

5. DECLINAISON.

L'ouvrage de la sœur Garvey, cité dans la bibliographie, est utile, mais il est fondé sur le texte (souvent reconstitué) de l'édition Langlois, et non sur le texte brut du ms. BN fr. 1573. Langl., p. 287-288, donne la liste des "infractions à la déclinaison" confirmées par la rime comme étant de l'auteur. En fait, même en tenant compte de celles qu'on relève ailleurs qu'à la rime dans le ms. 1573, on peut dire que ces "infractions" sont peu fréquentes par comparaison avec d'autres textes de même époque. Je n'en donne ici que quelques exemples.

Pour la déclinaison à marque *-s,* les "fautes" consistent presque toujours dans l'emploi (linguistiquement normal) du cas non marqué (régime) pour le cas marqué (sujet) : ainsi au singulier *vallet* (8301), *delivre* (10132), *jolif* (10 380); au pluriel, *biauz* (9932), *chanz* (9992), *vallez...* *renvoisiez* (10 065), *portables* (11 586). Dans tous ces exemples, il s'agit soit d'un *attribut,* soit d'un sujet placé *après* le verbe.

Les os (10 141) est un sujet placé *avant* le verbe, mais l'invariabilité du nom semble avoir entraîné l'emploi du cas non-marqué pour l'article.

Pour les déclinaisons à suffixe ou à radical variable, il est probable que les deux radicaux commençaient a être perçus alors comme deux mots différents et synonymes. D'où l'emploi paradoxal de *putes* au cas sujet pluriel (9126) et de *putain* au cas sujet singulier (9311); cp. aussi *nonain* (8765 et 8776). *Sire,* appellatif (11 095) est déjà un mot distinct de *seigneur. Felon* est aligné sur la déclinaison normale *(felons* au lieu de *fel,* 9455). *Graindre* est employé paradoxalement comme régime au v. 9159, et inversement *greigneur* comme sujet au v. 11 121. *Les deus* (cas suj., au lieu de *li dui)* est confirmé par la rime au v. 10392. *Maquereaus,* en apposition à un régime fém. sg. (9300) est étonnant, mais l'origine du mot n'est pas claire

6. PRONOMS PERSONNELS.

Les formes et l'emploi des pronoms personnels chez Jean de Meun sont un des aspects les plus originaux de sa langue et mériteraient une longue étude. On pourra s'aider de l'ouvrage de la sœur Garvey, sous les réserves déjà indiquées. Deux traits sont particulièrement frappants : la fréquence de la postposition du pronom auprès de l'infinitif, et l'emploi de formes du genre non marqué (masculin) pour le genre marqué (féminin), en particulier *eus* pour *elles.* Cf. G. Moignet, *Le pronom personnel français* (Klincksieck, 1965) ; mais cet ouvrage utilise également l'édition Langlois : les deux exemples d'*eus* comme sujet féminin pluriel donnés p. 82 correspondent à deux vers où le ms. 1573 donne *el* (éd. Lecoy, v. 8544 et 8546). Cet *el* peut s'expliquer de deux façons : 1) neutralisation de l'opposition singulier-pluriel au cas sujet féminin, sur le modèle de *il* au masculin ; 2) plus probablement, chute de *s* final devant consonne dans une forme *els* (dont *eus,* qu'emploie ordinairement Jean de Meun, n'est qu'une variante graphique).

7. "NON" EN TETE DE PHRASE.

Jean de Meun emploie assez souvent *non* pour commencer une proposition en parataxe avec une précédente ; *non* sert, en ce cas, à la fois à rendre la phrase négative et à reprendre un élément de la précédente ; le verbe est réduit à un simple auxiliaire (9517 : "Non peut ses peres..." ; 13 113:"Non sunt li vieill...") ou au verbe vicaire *faire* (12 175 : "Non fet Bel Acueill..."), ou même disparaît (9971 : "Non ou monde..."); le sens est "ni non plus..." ou "et même pas...". Sur cet emploi de *non* au lieu de *ne,* cf. G. Moignet dans *Travaux de linguistique et de littérature,* 1965, 1, p. 49.

8. ENVIZ.

L'adverbe *enviz* (latin *invitus)* est normalement le contraire de *volentiers* (cf. *Rose, v.* 6935), mais Jean de Meun l'emploie pour donner à une proposition une valeur quasi-négative, pour indiquer qu'un fait d'ordre général ne se réalise que dans un très petit nombre de cas ou même pas du tout : v. 8566, 9417, 9444 *(anviz meurt qui apris ne l'a* = "on ne meurt guère sans l'avoir appris", "tout le monde l'apprend un jour ou l'autre"), 10075. Cp. les emplois aux vers 11 142 (sens inverse du v. 9444 : "on ne le sait guère avant la fin"), 11 504, 12 550, 12 259, 18 131, 19 428 (et les réf.'rences du Gloss. pour le tome I). S'il s'agit d'un fait particulier, on a plutôt *ne... guieres* (9981) ou *a peine* (10 430). Noter que *presque* suivi de *ne* a un sens de quasi-négation au v. 10 386, mais un sens de quasi-affirmation au v. 10 488 : ce dernier tour est illogique (*ne* est de trop !) et doit s'expliquer par une contamination de *a poi que, par poi que.*
Malgré tout, le sens du v. 9 444 n'est pas sûr.

9. NEIS.

Ce mot vient de *nec-ipse* et signifie originellement "pas même", mais il est usuel au sens de *même,* dans des phrases franchement positives.

Jean de Meun en abuse et va jusqu'à en faire un simple mot de liaison. Noter qu'il emploie presque toujours la forme en deux syllabes, alors que *nes* est plus usuel chez la plupart des auteurs. Le mot compte cependant pour une seule syllabe au v. 9891 : la graphie *neis,* dans ce cas, peut représenter *nes* ou *nis.*

10. POR NOIANT.

Les deux emplois de cette expression dans notre passage confirment les exemples donnés par TL : à partir du sens de "il n'y aurait pas besoin de ... (car la chose en question en remplissait la fonction)", *por noiant fust* en vient à être une simple locution comparative : 9336 *por noiant fust lions seur ourse* = "on dirait un lion attaquant une ourse" ; 10 124 *por neant fust marbres* = "on dirait du marbre". La différence entre les deux formes *neant* (ou *ni-ent*) et *noiant* s'explique par les deux traitements possibles de /g/ intervocalique devant l'accent dans *ne-gentem* (cf. Fouché Phon. p. 606-607).

11. PARATAXES HYPOTHETIQUES OU CONCESSIVES.

L'ancien français emploie couramment la parataxe avec une valeur hypothétique ou concessive (cf. Ménard § 110 et 113) ; souvent, on a le sens de "même si", à la limite des deux valeurs. La proposition en parataxe commence, soit directement par le verbe (v. 8959 : *seüst neïs assez de luite),* soit par un adverbe, généralement *tant* (très nombreux exemples chez Jean de Meun, dont c'est un tic de style), parfois *tout* (v. 10 458), *ja* (9882) ou *bien* (9105). *Neis* peut aussi se trouver, mais après le verbe (8959, 9105).

12. VOCABULAIRE.

Pour l'étude de certains mots, on pourra se référer aux chapitres précédents : chapitre 3 pour *romant, miroër ;* chapitre 4 pour *sciance, nature* et les mots qui lui sont opposés *(art, loi, norreture) ;* chapitre 5 pour *dangier ;* chapitre 6 pour *pauvre, riche* et les mots du même champ sémantique ; chapitre 7 pour *barat, divers, ypocrite, papelart, beguin.* Mais il ne s'agit que d'indications de départ ; l'étude lexicologique d'un mot doit se faire à partir du *texte* et de l'ensemble des emplois chez Jean de Meun, avec l'aide du Gloss. et d'autres œuvres de l'époque qu'on a sous la main (par ex. Rutebeuf dans l'édition Faral-Bastin). La consultation de gros dictionnaires est souvent nécessaire : Godefroy et surtout TL sont précieux par leurs exemples ; mais on trouvera quelquefois des notices très utiles dans le *Französisches Etymologisches Wörterbuch* de von Wartburg, par exemple sur le mot *semilles* du vers 9482 (tome XI, p. 427-430, en allemand).

B. LES GRAPHIES.

Il s'agit ici d'étudier les graphies des vers 8227 à 10734 dans le ms. BN fr. 1573, tel qu'il est reproduit dans l'éd. Lecoy (sous réserves de quelques corrections, cf. tome II, p. 260-262). Les remarques proposées pourront être confrontées à celles de Langl., dont le but est très différent : reconstituer la prononciation de l'*auteur* d'après les formes confirmées par les *rimes* ou le compte des syllabes dans l'*ensemble* de l'œuvre, afin de justifier les graphies normalisées adoptées dans l'édition. Cette différence est cependant atténuée par le fait que les tendances dialectales du scribe ne semblent pas en contradiction avec celles de Jean de Meun, dont il semble avoir respecté les graphies le plus souvent. C'est plutôt vis-à-vis de la *méthode* de Langlois que vis-à-vis de son *but* qu'il faut prendre des distances : au temps de Langlois, on croyait pouvoir reconstituer à peu près une prononciation uniforme et normalisée comme étant celle de l'auteur, alors qu'on se rend compte aujourd'hui que les poètes du Moyen Age pouvaient choisir assez librement parmi des variantes phonétiques et ignoraient la notion de "règles de prononciation", même à titre individuel.

Des raisons techniques empêchant ici l'emploi de l'alphabet phonétique international, j'éviterai les transcriptions phonétiques. Celles que je donnerai (entre barres obliques) se rapprocheront le plus possible du système de Bourciez. Dans les concours, l'usage d'un alphabet phonétique est indispensable. On trouvera dans Ch., p. 23-26, un tableau de correspondance entre les divers alphabets. Dans la pratique, on choisit entre l'A.P.I. (I.P.A.), utilisé dans l'*Introduction à la phonétique du français* de F. Carton (Bordas, sous presse, à paraître début 1974) et l'alphabet Boehmer-Bourciez, utilisé dans F.M.

1. VOYELLES ET DIPHTONGUES ACCENTUEES

= Vélarisation de *a* devant *l* : *leaul* 9875, trait dialectal de l'est (Pope, § 1322, XVI) ; cependant, on peut aussi penser qu'il s'agit d'une forme de cas-régime (graphique) refaite sur le cas-sujet *leaus,* et pouvant se lire à volonté *leal* ou *leau.*

= Alternance *e - ie :* le ms. conserve en général la diphtongue *ie* venant de palatale + *a* (FM, p. 34) : cf. les rimes aux vers 9057-8, 9609-10, etc. Il y a hésitation pour le verbe *cuider : cuidierent* 9483, mais *cuidez* 8524, 9327, 9404, *seurquidee* 8556. Inversement, extension abusive (mais fréquente ailleurs, cf. *emperiere,* etc.) de *ie* après radical non palatalisé : *consentierres* 8598, *contretier/conquestier* 8961-2. Hésitation (usuelle) pour la diphtongaison en *ie* de *e* (venant de *a*) devant *l* vocalisé (Fouché, Phon. p. 319, FM p. 37) : on a couramment *tex* au lieu de *tiex* (9097, 9864, etc.), mais, illogiquement (réfection d'après la forme en *-s*), *quiel* au v. 9195. La forme *iestes* (10 049 et 10 050), dialectale du Centre (Fouché Vb. p. 419) est une réfection sur la 2e sg. *ies* où la diphtongaison est normale dans l'emploi accentué du verbe.

= Alternance *ai - e :* la monophtongaison de *ai* (FM p. 39) est acquise, fait attesté abondamment à la fois par les graphies et par les rimes entre des 1e sg. en *-ai* et des participes en *-é* (9435, 9973, 10 085, etc.). La graphie par *e* s'étend à toutes les formes du verbe *faire (fet, fete, fetes...)* Graphie inverse *vaillant* pour *veillant,* 9375.

= Alternance *oi - ai- ei- e :* on connaît l'histoire complexe de la diphtongue *oi,* expliquée partout (par ex. Bourciez, *Phonétique,* § 54). Son passage à un /è/ ouvert est courant dès le XIIIe siècle, soit par chute du /w/
dans /wè/, soit par influence des dialectes de l'Ouest où /ei/n'était pas devenu /oi/. Ce passage est abondamment attesté chez Jean de Meun par
les rimes *(sai* = "soi" rime avec *sai* = "je sais" aux v. 9317,9925 ; *moi*
avec *enfermoi* = "enfermai", 8465 ; *oi,* passé simple d'*avoir,* avec un passé simple de 1er groupe au v. 10271). Cependant, Langl. (p. 196-212) essaie de distinguer différents cas, sans arriver à des conclusions bien
nettes. Les graphies par *ai* sont usuelles et parfois déconcertantes *(airs =*
hoirs, 9552 , *saie, saient* pour le subj. du verbe *être,* 8868-9, etc.). Pour
les imparfaits, on peut avoir une graphie *ei (avanceit,* 10476), ou même
e (voiet, 8319, 9736 ; *daignet,* 8789 ; *saillet,* 9432). Cependant on a encore *vois* pour la 1e sg. de *aller* (9141 ; il n'y a pas encore homonymie avec
veoir, car *voi* n'a pas encore d'*s* final). Il semble que la graphie *oi* reste
plus fréquente après consonne labiale *(espoir, estovoir, savoir, moi...),*
le maintien de /w/ étant favorisé dans ce cas.

Par contrépel, on a des graphies *oi* pour *ai* dans *diroi* (9360), *vroie*
(9816), *aloi* (9987), *souffroite* (10134), formes où il n'y a jamais eu de
diphtongue /oi/.

Un cas particulier très curieux est celui des mots où la diphtongue /oi/
était précédée d'un /e/ sourd en hiatus. Dans ce cas, on a une graphie
oe ou *oai* représentant deux syllabes dans le vers : *voair, choair, soair*
(= *veoir, seoir, cheoir), miroer* (= *mireoir,* v. 9244 et 10621). Il semble
qu'on ait alors une sorte de métathèse de timbre : l'élément vélaire de
la diphtongue se reporte sur la voyelle atone : /e-wè/ donne /o-è/. Ne
pas confondre ces graphies, où *oe* représente *deux syllabes,* avec les
graphies *oe* ou *oai* employées parfois pour la diphtongue /wè/ : *voaiz*
10041 (une syllabe).

= Alternances *ou - o - u - eu.*

L'/o/ fermé et l'/u/ (provenant de o + l vélaire) ne constituaient probablement qu'un même phonème au XIIIe siècle. Sa graphie est souvent
ou dans notre manuscrit, sans qu'il faille pour cela y voir, bien entendu,
une ancienne diphtongue : ainsi pour la rime *reprouche / bouche* (9347-8),
où l'o fermé de *reprouche* (malgré l'o bref du latin) s'explique par l'analogie des formes faibles, où l'o s'était fermé en position prétonique.

L'aboutissement de /o/ fermé accentué libre peut être écrit *o (mors*
8285) ou *ou (poour* 9072 ; *vous* 9849 = "vœux" : ne pas prendre ce mot
pour un pronom au "datif éthique"!) ; il est écrit simplement *u* dans le
suffixe venant de *-atorem,* où il est précédé d'un *e* atone en hiatus : *le-*
cheür 9193, *requereür* 8630, etc. Dans ce cas, il y a sans doute haplo-
graphie de l'*e (eur* pour *eeur),* car la graphie la plus fréquente du phonème en question est *eu : leur, seur,* etc. Cette graphie *eu* est employée
aussi (au lieu de *ue)* pour l'aboutissement de /o/ ouvert accentué libre :
retreuvent (8527); *meurs* (8651), *peuz* (8708), etc. Les deux diphtongues
devaient être confondues déjà dans la prononciation (cf. Langl. p. 217).
Noter cependant *crués* (10136).

Rouches pour *ruches* (8692) est peut-être un dialectalisme employé pour
les besoins de la rime avec *mouches.* De même *avugles,* dialectalisme
de l'est (Ch. p. 63 en bas, cp. Fouché Phon. p. 295 remarque IX) est là
pour la rime au vers 9669.

= Aboutissement des triphtongues.

La triphtongue *eau* est souvent écrite *iau,* fait courant et sans locali-
sation particulière (Ch. p. 72) : *biau, piau, chatiaus,* etc. Les mêmes

graphies *eau* et *iau* se trouvent pour la triphtongue écrite *ieu* en français courant : *miauz / Miauz* (9357-8), *deąus* (10 590, pour *dieus,* cas sujet de *duel),* trait dialectal de Champagne-Orléanais (cf. Fouché, Phon. p. 323-324). Quand la triphtongue *ieu* vient d'une ancienne triphtongue / üeu/ (FM p. 36 et 37), on peut avoir *eu,* par analogie des cas où cette triphtongue était précédée d'une consonne labiale ou vélaire *(veus, queut) :* d'où *euz* pour "yeux" (8893, etc.) et *seuz* (pour *sieus,* de *soloir,* 10 402). Devant *l* mouillé, on a *e* dans le verbe *vouloir : veill, veille,* etc. (mais *veull* 9684) ; cf. Pope § 553 et Langl. p. 229-230.

  = Voyelles et diphtongues nasales (toniques et atones).
  La confusion *an/en* est constante dans les graphies comme dans les rimes : cf. *anz* (lat. *annos)* rimant avec *anz* (lat. *intus),* 10 051-2.
  Oncor, pour *encor* (9666, etc.) s'explique par l'analogie de *onques* (Pope § 750). La graphie *Esmiens* pour *Amiens* (10 054) cherche à faire une rime riche pour l'œil avec *des miens,* et s'appuie peut-être sur une prononciation régionale de l'*a* nasalisé.
  La graphie *jenne* pour *jeune* (8734, 9659, etc.) correspond à une évolution dialectale de *ue* nasalisé dans le Centre-Sud, le déplacement d'accent sur le second élément de la diphtongue s'étant produit plus tôt (Pope § 478).
  La confusion entre *ai* et *ei* nasalisés est constante (cf. la rime *maine - semeine,* 9319-20, où les graphies sont inverses des étymologies). Cette confusion s'étend parfois à *oin (paintes* pour *pointes,* 8394), ce qui peut s'expliquer comme *jenne* par une réduction dialectale de la diphtongue (Pope § 475).
  Dans *loingtiens, loingtiegne* (9844 et 9848), on a normalement *ien* au lieu de *ain,* comme dans *chien,* parce que le *t* précédent était palatalisé par le *n* mouillé qui le précédait.

2. VOYELLES ATONES.

  = Initiales et prétoniques en hiatus.
  Il semble que le timbre des voyelles atones en hiatus avec la tonique ait été flottant avant leur chute qui se produit au XIVe siècle. Le timbre étymologique ne paraît plus intervenir ; leur prononciation devait hésiter entre une tendance à l'assimilation et une tendance à la dissimilation par rapport à la voyelle accentuée. A en croire les graphies du manuscrit, on a un timbre *a* avec assimilation dans *marchaandise* 8446, *meschaances* 8662 et 8769, mais avec dissimilation dans *vaez* 8848, dans *Chastaé* et les mots qui riment avec lui *(dahé* 8963, *aé* 8927 ; pour *aé* Fouché propose une explication phonétique par **atatem,* p. 440) ; on a un timbre *e* (sourd, normal) ou peut-être *é* (avec assimilation) dans *abbeesse* (8730), un timbre *o* avec assimilation dans *poour* (9072) et avec dissimilation (ou alignement sur *poour)* dans *poereus* (9070).
  = Alternance *ar - er :* la tendance très ancienne au passage de *e* à *a* devant *r* explique *sarmonoit* (8592, 8718), *sarmona* (10 316). Inversement, on n'a pas de dissimilation dans *pereceus* (9570, cf. Fouché Phon. p.455).
  = Alternance *e - ai - ei - oi.*
  Au moins autant que sous l'accent, ces timbres avaient sans doute tendance à s'unifier en /è/, dans la langue de Jean de Meun et de son copiste, à l'initiale ou en prétonique. C'est un /è/, et non un /e/ sourd, qu'il faut lire au moins dans les initiales : *besoient, plesoient* (8403-4), *plesanz, tesanz* (8515-6), *fesoient* (8357, 9991 ; il est extrêmement improbable qu'on

ait déjà dans cette forme la labialisation du fr. mod.), mais sans doute aussi en prétonique : *apprivesier, rapesier* (9707-8). Les graphies *oi* sont sans doute des contrépels cachant la même prononciation : *bienvoillance* 10 564, *charoieresse* 9300 (cependant on trouve *charoie*). Dans ce dernier cas et dans celui de *desvaiees, paiees* (9011-12), *donaiement* (9225), le souci de transcrire le yod a pu faire choisir la graphie *oi* ou *ai*. On a une graphie *ei* dans *compareison* 8664.

= Alternance *e - i*.

Il s'agit de problèmes de morphologie verbale. Les graphies de notre texte gardent la trace d'un radical faible à timbre *ei* au lieu de *i* pour les verbes *tistre (tessuz,* 9255) et *issir/eissir (essue,* 10 084 ; mais *istra* 10 584, avec alignement sur le radical fort). *Gitez,* 9216, représente le radical étymologique *git-* (fort et faible) issu normalement de *jectare* : cf. Fouché Vb. p. 49-50.

= Alternance *o - ou - u : solaz* 9222, mais *soulacier* 9062 : la tendance à la fermeture de /o/ initial en /u/ est bien connue. Mais il n'est pas facile d'expliquer la graphie *u* dans *juglierres* 9356 et *surgeüre* 9940.

= Alternance *e - eu - u :* dans les mots où le /é/initial était passé très tôt à /œ/ par labialisation conditionnée (Fouché Phon. p. 451), cet /œ/ tend à se fermer en /ü/ (ibid. p. 429), fait attesté chez Jean de Meun lui-même d'après ses rimes riches comme *prumiere - coutumiere* (9760), *fumier - costumiers* (8882) ; cf. aussi la graphie *buvoient* 8348. Pour *prumier,* cf. Fouché Phon. p. 452 (action combinée de *p* et *m* malgré l'*r*). La forme *jusarmes,* 9614, paraît supposer un /œ/ ancien dans ce mot d'origine germanique. Dans *seurpris,* 9913, faute de labialisation, le passage à /ü/ n'est pas encore fait. Rappelons que l'*u* de *hurtent* 8559, *ahurté* 10 703 est étymologique : dans ce cas, on a eu, au contraire, passage de /ü/ à /œ/ (Fouché Phon. p. 350).

3. CONSONNES.

= Consonnes implosives qui n'ont encore jamais été prononcées, dans les mots savants : *b* dans *subjection* 8271, *c* dans *aucteur* 9158 et *auctorité* 8980, *g* dans *pigment* 8349, *p* dans *deception* 8891. L'*x* devait se prononcer /s/ dans *experimenz* 8726, *expresse* 8785.

= Consonnes implosives qui tombent alors dans la prononciation : on note la chute de l'*r* de *pa(r)ler,* 9186 (prononciation du poète d'après la rime riche avec *aler*), celle de l'*l* final de *il* devant consonne (9363, 9859), celle du *t* final de *dont* (qui est écrit indifféremment *don* ou *dom,* même devant voyelle) et de *salu* (rimant avec *valu,* 10 035). Pour *mavés* 9627, cf. Ch. p. 72.

Mais c'est surtout la chute de l'*s* que l'on observe, devant consonne à l'intérieur d'un mot : *inel* 10 536, *montres* 9162, *chatiaus* 10 643, *pent* 9381, *deroi* 8619, *tretouz* et *tretuit* 8746 et passim, *contretier* 8961, *metier* 9162 (dans ces derniers exemples, on a encore un *e* qui ne représente pas un *e* sourd) ; et à la fin d'un mot devant une consonne initiale : *mau feus* 8249, *for nuire* 8823, *for tant* 8832 (en rime riche avec *detortant),* *au nues* 9363, *au chetis* 9627, *ver lui* 10 280, *san lui* 10 430 ; il s'agit généralement de groupes phonétiques. Jean de Meun paraît aller plus loin que son copiste sur ce point, d'après certaines de ses rimes riches *(cors Dé/ cordé,* 9265).

= Contrépels : par graphie inverse, un *s* qui n'a jamais été prononcé vient souvent s'insérer devant une consonne : *tost* 8416 (de *tolir), veust*

(8567, etc.) *apreïsr:es* 8716, *chapistres* 8784 (en rime avec *epitres*, qui, lui, aurait eu droit à l's !*), *lestreüre* 8797, *aust* 9104 (subj. de *aller*), *pustes* 9126, *trestable* 9611, *lestre/entremestre* 9673-4, *mestre* 9762, *tust* 9804 (subj. de *tuer*), *mesgrece* 10147 (*meigrece* 5 vers plus loin), *resté* 10276, *preeschier* 10317 (graphie courante, sous l'influence de *prestre*), *empeeschier* 10318, *trestier* 10493, *meïsmes* (de mettre) 10504, *seust* 10723 (de *soloir*, ne pas confondre avec l'imp. subj. de *savoir* qui serait dissyllabique).

= Liquides *r* et *l :*

On constate parfois le développement parasite d'un *r* ou d'un *l*, soit par anticipation d'une consonne semblable : *tourjorz* (passim), *tomblel* (10484, 10532 ; cp. *esclandre* pour ce phénomène), soit entre une consonne et un *e* sourd final : c'est peut-être à ce dernier cas qu'il faut rattacher *trufle*, 9041 et 9278 (mais l'étymologie n'est pas claire) et *tenvre* (rimant avec *chanvre*, 9268). Pour *tenvre*, normalement *tenve* (latin *tenuem*), on peut penser à l'influence de *tendre* ou, d'après certaines formes dialectales (*tanvne, tenvene*) à un développement analogue à celui d'*ordinem > ordre* à partir d'une forme **tenuinem* à suffixe diminutif.

Le groupe *rl* tend à passer à *ll*, dans *escallate* 9052, *gallandes* 9241, *pelles* 9257, et sans doute *vallet* (passim).

Le *l* mouillé est transcrit constamment par *ll*, même en fin de mot et souvent sans *i : orguell* 8819, etc. *Deul* 8587 et 9271, et *berceul* 10605 ont un *l* non mouillé à l'époque.

Le *r* du futur et du conditionnel est souvent précédé, contrairement à l'usage de Paris, d'un *n* ou d'un autre *r* résultant d'une assimilation : *torra/vorra* 9682, *donroit* 9742, *menra/tenra* 10161-2.

= Nasales.

-*l* final est passé à *n* dans *nenin*, 10387 (rime avec *venin*), forme fréquente aujourd'hui dans l'Ouest (cf. la tirade des nez de *Cyrano*, où *nanin* rime avec *nain*).

On a une nasale finale par dilation de la première syllabe dans *ainsinc* (passim) : le *c* final semble indiquer que la nasale est vélaire ; on a *ainsint* au v. 10348, mais la confusion entre *c* et *t* en finale surtout après *n*, concerne aussi bien la prononciation que la graphie (cf. *donc* 8688).

Hésitations dans la graphie du *n* mouillé : *pardoig* 8607, *compaingnz* 9463. A l'intérieur d'un mot, hésitation entre *gn* et *n : rechiniez* 9064, *espernes* 9572, *logntiegne* 9844 (pour la dépalatalisation de *gn* en *n*, cf. Ch. p.93).

= Les sifflantes *s, c, z*.

Le /ts/ représenté par *c* ou, à la fin du mot, par *z*, est bien distingué de l'/s/ par le poète et par le copiste. Chez celui-ci, cependant, on note quelques emplois de *z* pour *s : mastinz* 9314, *eztes-le-vos* 9461, *pleintiz* 9576 (cf. Fouché Phon. p.636, pour la confusion entre les mots en *-ivus* et en *-icius* latin), *presz* 10415. *Fenis* (phénix) rime en *-s* au v. 8658, mais en *-z* au v. 15947.

= Emplois de *h : h* est placé anormalement au début de certains mots : *horme* 10026, *hours* 10104, peut-être pour faciliter la lecture de la voyelle suivante. Il sert aussi, comme notre tréma, à indiquer un hiatus : *atahine/trahine* 8817-8, *aherdre* 9748.

C. L'EMPLOI DE "DONT" COMME CONJONCTION.

Guillaume de Lorris et Jean de Meun emploient couramment l'adverbe relatif *dont* pour introduire la complétive suivant un verbe ou une locution indiquant un sentiment. Cf. à ce sujet Ménard p. 45 (bref) et Brunot, *Histoire de la langue française* tome I, p. 345.

On relève 11 exemples de ce tour chez Guillaume de Lorris (v. 1803, 1927, 1942, 1955, 2805, 2938, 3146, 3632, 3641, 3725, 3750). Dans notre passage de Jean de Meun, on a :

8429-8432 : ... il li dit qu'el est nice et fole
                   don tant demore a la querole
                   et don el hante si sovent
                   des jolis vallez le covent.

8950-51 :   ... que merveilleusement li poise
                   dom sa dame en vie demeure...

10 263-65 : Mes trop me tenoie por pris
                   dom je n'osoie le porpris
                   aprochier si con je soloie...

10 305-6 :   et por fos neïs te tenoies
                   dom en mon servise venoies...

Cf encore v. 13 180 ("Tel deul ot don cil la tricha"), etc.

Ce tour n'est pas très fréquent chez les autres auteurs, mais on le trouve encore chez Marot, *Epistre à son ami Lyon* :

Et prisa fort rats, rates et ratons
Dont il avoit trouvé temps favorable
Pour secourir le lyon secourable.

Ensuite, *dont* est remplacé par *de quoy* (cf. Haase et Obert, *Syntaxe française du XVIIe siècle,* § 42 remarque IV, p. 89, et Dubois-Lagane, *Dictionnaire de la langue française classique,* s.v. *quoi*). Cf. par ex. Corneille, *Galerie du Palais* 1396 : "Je ne m'étonne plus de quoi je gagne tant"; Théophile de Viau : "Je me trouve étonné de quoi je suis vivant" ; Ronsard : "On me blasmoit de quoi j'estois obscur" ; Montaigne : "Je suis dépit de quoi notre vie s'embesogne à tout cela".

Haase voit dans ces tours des interrogations indirectes. Cette explication n'est pas satisfaisante, car cette tournure est tout à fait différente de la construction : *je ne sais dont il vient,* bien attestée en ancien français, et où *dont* a une fonction dans la subordonnée ("de quel endroit"). Il faudrait plutôt rapprocher des emplois de *por quoi* au sens de *"pour peu que"* (v. 7724, 8237, 10 712, 11 135, 18 592, etc.). Dans les deux cas, en effet, on voit l'ancien français faire appel à son système pronominal pour se constituer un système de conjonctions, en utilisant le pronom comme une sorte de prédéterminant substantivant la proposition qui suit ; le simple *que* semblant manquer de la "prédicativité" nécessaire à un complément prépositionnel, on emploie *quoi* comme une sorte de prédéterminant fort, et *dont* comme un équivalent transformationnel de *de* + *quoi*.

TABLE DES MATIERES

Composition : Varityper Bordas, à Paris.
Tirage : Imprimerie Offset-Aubin, à Poitiers. Achevé d'imprimer le 10 décembre 1973.
Numéro d'imprimeur, 4634. Dépôt légal, 4e trimestre 1973. D/1973/0190/406.

COLLECTION "ETUDES"

Série « Langue française »

TEXTES ET COMMENTAIRES DE FRANÇAIS MÉDIÉVAL
Jean BATANY
L'histoire de la langue et de la littérature jusqu'au XVe siècle,
vue à travers 47 textes, des commentaires philologiques et
littéraires, et une chronologie phonétique.
320 pages.

INTRODUCTION A LA DIALECTOLOGIE FRANÇAISE
Jacques CHAURAND
Une étude des dialectes anciens de langue d'oïl, suivie d'une
initiation aux méthodes modernes d'enquête sur les parlers
actuels.
288 pages.

LA LANGUE FRANÇAISE AU XVIIIe SIÈCLE
Jean-Pierre SEGUIN
Bilan des recherches sur l'expansion et l'évolution du français
du début du XVIIIe siècle à la Révolution, sur les problèmes
de grammaire agités à l'époque, sur le développement du
vocabulaire.

LE FRANÇAIS EN AFRIQUE DU NORD
André LANLY
Etude sur le langage des Français d'Algérie, Tunisie et Maroc :
vocabulaire emprunté aux autochtones, mots arabes et turcs,
espagnols et italiens ; apports du français méridional, du langage militaire, de l'argot métropolitain, etc. Index alphabétique
des mots, expressions et tours cités.
386 pages.

FICHES DE PHILOLOGIE FRANÇAISE
André LANLY
Etude de l'évolution historique des mots les plus importants
de la langue française à l'aide des données les plus sûres de
la linguistique classique.
384 pages.

ÉTUDES DE GRAMMAIRE ET DE STYLE, tome I
Jean CHAILLET

ÉTUDES DE GRAMMAIRE ET DE STYLE, tome II
Jean CHAILLET
Ces études portent sur 54 textes d'auteurs français des XVIe,
XVIIe et XVIIIe siècles (tome I) et XIXe et XXe siècles (tome II).
A la fin du tome II : index grammatical et index stylistique.
Tome I : 416 pages ; tome II : 400 pages.

Vient de paraître :

LE FRANÇAIS EN AFRIQUE NOIRE
Jean-Pierre MAKOUTA-MBOUKOU
Réflexion sur le langage, sur la langue française et son enseignement en Afrique Noire jetant les bases pédagogiques et
linguistiques d'une rénovation de cet enseignement.
240 pages.

A paraître :

INTRODUCTION A LA PHONÉTIQUE DU FRANÇAIS
Fernand CARTON

Série « Littérature française »

LA PASTOURELLE
Poésie et folklore au Moyen Age
Michel ZINK
Une étude très neuve sur les chansons les plus simples de la
lyrique du Moyen Age qui éclaire d'un jour nouveau les rapports
entre musique et poésie.
112 pages.

INTRODUCTION AU SURRÉALISME
Claude ABASTADO
Un ouvrage qui fait le point des divergences et des tensions
internes du mouvement tout en soulignant la cohérence de ses
activités. Avec notices biographiques et chronologiques.
256 pages.

MADAME DE SEVIGNÉ ET LA LETTRE D'AMOUR
Roger DUCHÊNE
Première thèse consacrée à Madame de Sévigné qui est à la
fois une étude du genre épistolaire et de la manière dont la
passion maternelle le réinvente pour s'exprimer, où l'auteur
s'attache à montrer que les lettres ne sont pas uniquement un
témoignage sur le XVIIe siècle, mais aussi... des lettres
d'amour.
418 pages.

LES RACINES DU NATURALISME
Zola avant les Rongon-Macquart
John C. LAPP
Etude des œuvres de jeunesse de Zola où l'auteur souligne
la récurrence de certains thèmes des premiers ouvrages dans
les romans de la grande série, et explique le développement
de l'art du romancier.
160 pages.

SAINT-JOHN PERSE ET LE CONTEUR
Emile YOYO
Tente de démontrer que Saint-John Perse est avant tout un
auteur antillais, et de décrire les origines de l'ambiance
spécifique de ses poèmes, où le "conteur" est l'homme d'un
autre pays, l'homme de son propre langage : "une seule et
longue phrase sans césure à jamais inintelligible"...
112 pages.

« Introduction à la vie littéraire »,
dirigée par Jean CÉARD

Dans ces six ouvrages, les auteurs se sont attachés à retracer
le climat dans lequel sont nées les grandes œuvres de la
littérature française, afin de découvrir l'originalité de chacune d'elle par rapport aux conditions de sa création. Chaque
volume contient d'abondantes citations, un index (auteurs,
titres, etc.), et surtout une bibliographie détaillée et classée.

INTRODUCTION
A LA VIE LITTÉRAIRE DU MOYEN AGE
Pierre-Yves BADEL
242 pages.

INTRODUCTION
A LA VIE LITTÉRAIRE DU XVIe SIÈCLE
Daniel MÉNAGER
204 pages.

INTRODUCTION
A LA VIE LITTÉRAIRE DU XVIIe SIÈCLE
Jean-Claude TOURNANT
192 pages.

INTRODUCTION
A LA VIE LITTÉRAIRE DU XVIIIe SIÈCLE
Michel LAUNAY, Georges MAILHOS,
Claude CRISTIN, Jean SGARD
176 pages.

INTRODUCTION
A LA VIE LITTÉRAIRE DU XIXe SIÈCLE
Jean-Yves TADIÉ
160 pages.

INTRODUCTION
A LA VIE LITTÉRAIRE DU XXe SIÈCLE
Jacques DELABROY et Jacky NEFFS
(En préparation.)

Bibliothèque Bordas
Extraits d'œuvres présentés, analysés, commentés

LA CHANSON DE ROLAND
Gérard MOIGNET
Présentation et traduction de la célèbre chanson de geste, où l'auteur a voulu recréer, en se basant sur le manuscrit d'Oxford, le mouvement de la phrase de l'ancien français.
320 pages.

MAURICE SCÈVE ET L'ÉCOLE LYONNAISE
Antoinette ROUBICHOU
Présentation de la poésie de M. Scève, de Louise Labé et de Pernette du Guillet, et exploration du mythe que représente l'École lyonnaise.
192 pages.

DÉFENSE ET ILLUSTRATION DE LA LANGUE FRANÇAISE
de Joachim du Bellay
Louis TERREAUX
L'intérêt de cette défense et de cette illustration dans l'esprit d'un poète qui ne sépare pas langue et culture, inspiration et langage, et qui aborde les rapports entre la nature et l'art.
128 pages.

DU CONTRAT SOCIAL
ou PRINCIPES DU DROIT POLITIQUE
Jean-Marie FATAUD et Marie-Claude BARTHOLY
Lecture critique du Contrat social opérée à l'aide de deux axes de référence : l'horizon culturel de la réflexion politique de Rousseau et ses réactions en face de la société de son temps.
256 pages.

DADA ET LE SURRÉALISME
Micheline TISON-BRAUN
Etude critique des textes théoriques des dadaïstes et des surréalistes, notamment sur le message automatique, la révolte absolue, la poésie et la révolution.
160 pages.

SOUS LE SOLEIL DE SATAN de Georges Bernanos
Michel ESTÈVE
Présentation de l'auteur et de la génèse de l'œuvre, "l'histoire d'un être pour qui et en qui le surnaturel survient".
256 pages.

LA MODIFICATION de Michel Butor
Gérard ROUBICHOU
Situe Michel Butor dans le Nouveau Roman et montre l'importance de ce roman "à la fois enquête et compte-rendu de cette enquête", en analysant sa structure et sa composition.